PESSOAS PRECISAM DE PESSOAS:
ESTRATÉGIAS PARA O NOVO MUNDO

Diretora
Rosely Boschini

Gerente Editorial Pleno
Franciane Batagin Ribeiro

Editora
Audrya de Oliveira

Editora Júnior
Giulia Molina

Assistente Editorial
Bernardo Machado

Produção Gráfica
Fábio Esteves

Preparação
Natália Domene

Capa, Projeto Gráfico e Diagramação
Vanessa Lima

Revisão
Amanda Oliveira

Impressão
Loyola

Copyright © 2022 by Joel Jota (org.), Ale Santana, Alexandre de Assis, Alex "Pezinho", Alysson Costa, Ana Maria Tasca, Arthur Bender, Carla Sarni, Carlos Busch, César Augusto Potenza, Cristiano Ferreira, Dani Almeida, Danielle Martins, Dawn Watson, Dener Lippert, Eduardo Ferreira, Fernanda Tochetto, Gabi Archetti, Gustavo Borges, João Ladaga, Jorge de Sá, Júnior Moraes, Keyton Pedreira, Larissa Lima, Mari Coelho, Michael Arruda, Paula Abreu, Raul Sena, Renata Spallicci, Rivo Bühler Jr, Rosi Job, Susana Torres, Thiago "Panda" Lima, Thiago Salvador, Vanessa Goltzman, Verônica Motta, Vinicius Vieira.

Todos os direitos desta edição são reservados à Editora Gente.
Rua Natingui, 379, Vila Madalena,
São Paulo – SP, CEP 05443-000
Telefone: (11) 3670-2500
Site: www.editoragente.com.br
E-mail: gente@editoragente.com.br

Caro leitor,
Queremos saber sua opinião sobre nossos livros.
Após a leitura, curta-nos no facebook/editoragentebr,
siga-nos no Twitter @EditoraGente, no Instagram @editoragente
e visite-nos no site www.editoragente.com.br.
Cadastre-se e contribua com sugestões, críticas ou elogios.
Boa leitura!

Dados Internacionais de Catálogo na Publicação (CIP)
Angélica Ilacqua CRB-8/7057

Pessoas precisam de pessoas: estratégias para o novo mundo / Joel Jota. – São Paulo: Editora Gente, 2022.
224 p.

Vários autores
ISBN 978-65-5544-184-0

1. Negócios 2. Sucesso nos negócios 3. Desenvolvimento pessoal I. Título

22-0884   CDD 174.4

Índice para catálogo sistemático:
1. Negócios

JOEL JOTA
ORGANIZADOR

PESSOAS PRECISAM DE PESSOAS:
ESTRATÉGIAS PARA O NOVO MUNDO

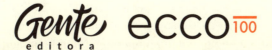

sumário

introdução Joel Jota 10

capítulo 1 Ale Santana
Gestão de pessoas:
como construir relações sadias 16

capítulo 2 Alexandre de Assis
Estabeleça relações mais significativas
para agregar experiências 22

capítulo 3 Alex "Pezinho"
O investimento em pessoas como ferramenta
de desenvolvimento pessoal e profissional...... 28

capítulo 4 Alysson Costa
Sobreviver em um mundo
de transformações digitais...............................34

capítulo 5 Ana Maria Tasca
Autoliderança é o segredo para
conquistar o que deseja................................. 40

capítulo 6 Arthur Bender
Não permita que o mercado determine
seu preço quando você sabe o valor 46

capítulo 7 Carla Sarni
A versão real do empreendedor
de alta performance............................. 52

capítulo 8 Carlos Busch
Decomposição das jornadas:
o caminho para a inovação.................................. 58

capítulo 9 César Augusto Potenza
Visão, ação e conexão: o tripé
para grandes realizações................................... 64

capítulo 10 Cristiano Ferreira
O novo mundo requer profissionais
cada vez mais completos.............................. 70

capítulo 11 Dani Almeida
O que postar para transformar suas
redes sociais em canais de vendass................ 76

capítulo 12 Danielle Martins
Desmistifique o processo de vendas
e atinja todo o seu potencial.............................. 84

capítulo 13 Dawn Watson
Como encontrar sua força para uma existência plena 90

capítulo 14 Dener Lippert
Como desenvolver o pensamento orientado
para o crescimento 96

capítulo 15 Eduardo Ferreira
Inovação não é um bicho de sete cabeças:
desmistifique esse processo e potencialize seu negócio............. 102

capítulo 16 Fernanda Tochetto
Destrave suas emoções e ressignifique sua vida..**108**

capítulo 17 Gabi Archetti
Acreditar para se posicionar: a trilha do *branding*...**114**

capítulo 18 Gustavo Borges
Lições do esporte para o alto desempenho na vida..**120**

capítulo 19 João Ladaga
Estratégias para conquistar clientes para um novo negócio.........................**126**

capítulo 20 Jorge de Sá
Desenvolva habilidades e não dependa do talento...**130**

capítulo 21 Júnior Moraes
O poder do coletivo para alcançar resultados...**136**

capítulo 22 Keyton Pedreira
Coloque-se em movimento para realizar seus sonhos....................................**140**

capítulo 23 Larissa Lima
A saúde que o novo mundo precisa..**146**

capítulo 24 Mari Coelho
Quanto vale o seu conhecimento?...**152**

capítulo 25 Michael Arruda
Conheça os segredos da mente
para criar equipes vencedoras **160**

capítulo 26 Paula Abreu
Refaça suas escolhas para encontrar seu propósito..**164**

capítulo 27 Raul Sena
Reconheça e controle seus sentimentos
para fazer deles o seu combustível para agir..**168**

capítulo 28 Renata Spallicci
Como construir negócios exponenciais por meio da paixão........................**174**

capítulo 29 Rivo Bühler Jr.
Aprenda a investir para garantir um futuro tranquilo.......................................**180**

capítulo 30 Rosi Job
O novo mundo precisa de novos líderes...**186**

capítulo 31 Susana Torres
Desvende o processo da alta performance para realizar sonhos...............**192**

capítulo 32 Thiago "Panda" Lima
Foco nas pessoas: os negócios do novo mundo...**198**

capítulo 33 Thiago Salvador
Como desenvolver magnetismo de vendas..**202**

capítulo 34 Vanessa Goltzman
A importância da saúde na sua performance de vida......................................**206**

capítulo 35 Verônica Motta
Melhore seu corpo, autoestima, respiração
e postura com um só método...**212**

capítulo 36 Vinicius Vieira
Destrave sua comunicação e alcance reconhecimento profissional.........**218**

Rosely Boschini

© ÍRIS DE OLIVEIRA

PESSOAS, PROPÓSITO E NEGÓCIOS

Era fim do dia quando Joel e eu conversamos sobre construir uma obra coletiva que servisse não só para ajudar as pessoas a navegar o mundo que nos foi imposto depois da pandemia da covid-19, mas também que traduzisse o que, para nós, é essencial nesses novos tempos.

Quando desligamos do nosso encontro no Zoom, minha mente me fez voltar no tempo para quase dois anos antes e todas as decisões que tomei desde o dia 16 de março de 2020. Era um momento de caos total, e eu sabia que minha empresa sofreria com o impacto do *lockdown* – decisão necessária para conter o avanço do vírus. As livrarias ficariam fechadas a partir de então e, com isso, já sabíamos que nosso faturamento praticamente zeraria. Mas estava claro para mim que o mais importante era cuidar das pessoas. Os números, resolveríamos depois. E desde que mantivéssemos nossa cultura forte, atravessaríamos o mar turbulento que tínhamos pela frente.

E foi exatamente isso o que aconteceu na Editora Gente. Tivemos muitos medos, mas os enfrentamos juntos. Mudamos a rota diversas vezes e todo dia aprendemos o que era necessário para que chegássemos ao próximo dia, ao próximo mês, até que pudéssemos vislumbrar os futuros possíveis. No plural. Porque cada experimento nos mostrou ativos e possibilidades que até então estavam escondidos.

E quanto mais eu pensava em tudo o que aconteceu nesses últimos tempos, mais se confirmava para mim a declaração que dá título a este livro: pessoas precisam de pessoas. Ao mesmo tempo que parece ser algo óbvio, quantas vezes essa verdade incontestável é ignorada? Quantas vezes ela fica em segundo plano diante de um fluxo acelerado que cobra respostas rápidas, confirmadas por números e dados que alguma ferramenta livre de influência emocional pode trazer?

Quando me perguntam qual o segredo da Editora Gente, que está há quase 40 anos no mercado e é a maior casa de best-sellers nacionais, a resposta é a mesma que guiou minha decisão de garantir a segurança do meu time em março de 2020: **pessoas**.

Essa é a estratégia-mãe para tudo o que você ou eu quisermos realizar.

É claro que os números e os algoritmos são importantes para os nossos projetos. Porém, se quisermos criar algo novo, inusitado, disruptivo, eles não podem ser nossos ditadores. Os dados nos guiam até um pedaço do caminho, eles contam uma parte da história que queremos construir. Mas o que nos permite chegar à próxima fase é nossa sensibilidade de enxergar além dos números e tomar decisões alinhadas aos valores genuínos sobre os quais queremos erguer os alicerces da nossa vida e dos nossos negócios.

Falamos o tempo todo de tecnologia, mas não refletimos o que essa palavra realmente significa ou qual é a sua maior função. Dizemos que a tecnologia invadiu nossos escritórios e nossas casas, sem nos darmos conta de que, antes de mais nada, a tecnologia deve ser um meio para potencializar o que nos torna humanos: nossa capacidade de nos conectarmos uns com os outros.

Tecnologia vem do grego: *tekhno-* (de *tékhnē*, que significa *arte, ciência*) e *-logía* (de *lógos*, significa *linguagem, proposição*). Tecnologia é a sistematização dos métodos, meios e instrumentos das muitas possibilidades da atividade humana. Ou seja, é uma ferramenta que potencializa nosso poder de criação.

Ao chegar a essa reflexão, lembrei-me de uma frase atribuída a Leonardo da Vinci: "O objetivo mais alto do artista consiste em exprimir na fisionomia e nos movimentos do corpo as paixões da alma".

A leitura que faço dessa fala é que, como seres humanos criadores, o grande objetivo que temos a perseguir é o de usar nossos conhecimentos e habilidades para tornar realidade aquilo que trará sentido à nossa vida. O que produzimos deve servir a um propósito conectado à essência humana: a nossa capacidade de criar vínculos genuínos com as pessoas a nossa volta.

A transformação digital, a inovação e as metodologias para a era da exponencialidade servem para nos ajudar a construir ambientes de mais confiança e criatividade.

Mais do que ter certezas, agora é momento de fazer as perguntas certas:

- Quais valores são inegociáveis para nós?
- Como nossos negócios vão gerar prosperidade e melhorar a vida de muitas pessoas?
- O que faremos diferente de agora em diante?

Daquela videochamada com Joel, nasceu um encontro entre trinta e seis autores que trouxeram o que possuíam de melhor para dividir com você. E estas páginas são o convite para o começo de uma jornada na qual as respostas a essas perguntas serão construídas coletivamente.

E antes que você sinta receio de dar o próximo passo, gostaria de lhe contar uma curiosidade que descobri enquanto escrevia esta apresentação. Você sabe o que torna o processo de metamorfose da lagarta em borboleta possível?

A lagarta possui sete bilhões de células e, entre elas, estão as células imaginais. Quando a lagarta se transforma em casulo, ela começa um processo de autodigestão. Enquanto a lagarta morre, as células imaginais continuam vivas e usam o líquido que se formou dentro do casulo como os ingredientes para cumprir seu propósito e dar vida a um novo ser. Essas células são organizadas em discos e cada disco é responsável por uma parte do corpo da borboleta que logo sairá do casulo.[1]

Nossa transformação não acontece por meio de células imaginais, mas através de cada decisão que tomamos, a partir do momento que abraçamos a incerteza e assumimos o risco de criar relações, negócios e futuros melhores.

Rosely Boschini – CEO e Publisher da Editora Gente

---

[1] BELOTTE, T. **Células imaginais:** deixar morrer para renascer. Vida Simples. Disponível em: https://vidasimples.co/colunistas/celulas-imaginais-a-coragem-de-deixar-morrer-para-renascer/. Acesso em: 1 fev. 2022.

Joel Jota

© RHAEL LOZER BARRETO

INTRODUÇÃO

Nesses últimos anos, todos nós fomos desafiados a sermos resilientes de verdade. A realidade de muitas famílias e negócios mudou: construímos um novo dia a dia; uma nova forma de interagir com as pessoas; um novo jeito de nos comunicar; e, claro, uma outra modalidade de trabalho, o home office. Pequenas e grandes empresas foram afetadas pela pandemia da covid-19, trazendo mudanças significativas e antecipando tendências que vinham sendo gradativamente implementadas.

Diante disso tudo, outras crises também surgiram. Muitas empresas passaram por conflitos internos e o número do desemprego cresceu durante a pandemia, o que deixou muitos profissionais, corretamente, aflitos. Só no Brasil, a soma recorde foi de 14,8 milhões de desempregados em meio à crise.[1]

No início da pandemia, ainda quando eu era o CEO da 3Ps, minha empresa de educação e treinamento na área de desenvolvimento pessoal, tranquilizei o meu time quanto à permanência de cada um comigo. Éramos saudáveis financeiramente, o que nos deu vantagem competitiva para testar novos modelos exigidos em meio ao caos que havia sido instaurado no mundo. Desse modo, conseguimos dar segurança à equipe. Ninguém foi demitido, mas algo havia nascido junto com a pandemia: a necessidade radical e imediata de mudar o modo de oferecer nossos serviços e de nos relacionarmos com os nossos clientes.

Continuar produtivo diante da tela do computador foi um desafio e tanto; acredito que você provavelmente passou por isso também. O home office chegou exigindo muita adequação. Tivemos que adiar o "A Hora H", que é o maior projeto que já fizemos na vida. Todo o nosso tempo e dedicação estavam voltados para ele. Nós não tínhamos escolha, era mudar ou morrer aos poucos.

---

[1] DESEMPREGO. **IBGE – Instituto Brasileiro de Geografia e Estatística.** Disponível em: https://www.ibge.gov.br/explica/desemprego.php. Acesso em: jan. 2021.

Sentei-me com a equipe e determinei ações imediatas. Priorizamos a experiência do cliente, pivotamos todo o nosso negócio para o on-line, baixamos o preço, geramos mais valor, conversamos com vários clientes e entendemos sua dor; posterguei entregas de consultorias e mentorias. Eu tinha um lema "não vou sangrar e nem vou deixar meus clientes sangrarem".

Sou um aprendiz constante e valorizo a educação e a forma de passar o conhecimento adiante, e assim surgiu uma nova ideia. Resolvi, com a colaboração da minha equipe, ensinar ao público do meu Instagram a como ter uma renda extra. Foi assim que nasceu o projeto "A Travessia". Era simples e poderoso. Durante seis semanas eu fiz *lives* para ensinar as pessoas a fazerem mais dinheiro, desde as formas mais simples até as mais inusitadas. Falei por horas, semanas, com empenho; não cobrei nenhum centavo e medi o resultado. Foram 15 milhões de reais a mais com essa iniciativa. Muitas empresas nasceram a partir desse projeto, muitos negócios foram salvos e famílias se mantiveram mais tranquilas.

Com tudo isso em mãos, o programa "A Travessia" ganhou vida. O projeto foi desenvolvido com o propósito de ensinar a ter uma renda extra. Eu queria tranquilizar e levar conteúdo de qualidade aos meus seguidores. Foi o momento de passar o meu conhecimento e acolhê-los também.

Afinal, todos estavam no mesmo mar, uns com lanchas, alguns com coletes e outros agarrados num pedaço de tábua. As notícias, por mais que necessárias, estavam nos atordoando. Pensando nisso, criei um método que nomeei como F.A.M.S. (Faça Agora o Mais Simples), com o princípio de estimular o que já estava ao alcance daquelas pessoas. Eu não queria que elas entrassem no empreendedorismo, pois não dava tempo de abrir um CNPJ, mas queria estimular a mentalidade empreendedora.

Eu discutia com o meu público a diferença entre empreendedor e empreendedorismo de forma didática, levando exemplos como: "Empreendedorismo é quando você toca na casa da sua vizinha e fala: 'Quer comprar, o meu brigadeiro?'. Você fez esse brigadeiro por dois reais, vendeu por dez reais e lucrou oito reais. O que o empreendedorismo faz? Ele pega esses oito reais e reinveste nele." E sabe o mais legal? Esse exemplo criou mais de duzentas empresas que vendem brigadeiros. Negócios nasceram a partir disso.

O meu objetivo, desde quando passei a trabalhar na internet, era falar de alta performance e, diante daquele cenário no começo da pandemia, enxerguei a necessidade de falar sobre renda extra. A crise afetou diversos setores e a informação não estava sendo levada de forma consistente. As pessoas queriam aprender de fato, e não só assistir a *lives*; elas queriam mudar a própria vida. A turma precisava de um caminho, um direcionamento, e eu consegui contribuir nessa jornada. "A Travessia" me trouxe muitos *cases* de sucesso por meio do conhecimento que foi compartilhado com eles.

Sempre quis sonhar mais alto, e sabendo do meu conhecimento, pensei na educação como forma de ganhar dinheiro também. Então resolvi criar uma recorrência chamada DNA JJ, que consiste no desenvolvimento pessoal que, estimulado de forma correta, gera resultados, melhora a qualidade de vida e cria novas ideias para novas realidades. Era um projeto de aulas e direcionamentos num ticket mensal baixo. Eu cheguei a cobrar um real no primeiro mês e garantir que na primeira aula eles já teriam a capacidade de fazerem dinheiro para bancar o segundo mês.

Na nova era tecnológica com a internet, as redes sociais puderam ser utilizadas de maneira estratégica, como vocês bem sabem: o marketing digital, sendo aliado e peça fundamental no processo. Foi o que fez a 3Ps se manter no jogo, e tantas outras empresas.

Analisando as ferramentas que eu já tinha, busquei fortalecer o meu perfil do Instagram, melhorei a entrega e a qualidade dos conteúdos. Eu sabia que só essa ferramenta não seria o suficiente para me manter competitivo; então alinhei com a minha equipe que precisávamos aumentar o nosso canal e portfólio de produtos. Coloquei foco no YouTube, Telegram, site, e-mail marketing e WhatsApp de maneira massiva e intencional.

Um dos principais pontos que o empreendedor precisa ter em mente é como ele vai se posicionar como um guia, um suporte para seu público. O seu produto/serviço existe para solucionar a dor específica dele; por isso, é necessário criar uma relação forte e conhecer muito bem as dores do seu público-alvo: onde estão e qual o seu maior problema hoje. O primeiro passo que dei para atuar de maneira assertiva foi a utilização de uma ferramenta simples, porém poderosa, chamada Mapa da Empatia. A base foi construir relacionamentos para tornar toda a jornada uma experiência especial, entender a principal motivação e interesse sobre aquilo que estava sendo proposto e, acima de tudo, garantir a performance de todas as pessoas que confiaram em mim.

Introdução

A interação com os clientes, o desenho de novos projetos, a simplificação dos canais de contato e a personalização das abordagens contribuíram para selar meu compromisso com eles. A fidelização foi enorme. A relação entre cliente e empresa foi ultrapassada e atingiu a relação de absoluta confiança.

No que diz respeito à reinvenção, consegui mostrar o que estava por trás do sucesso dos meus negócios. Abri o jogo, afinal, pessoas precisam de pessoas. Com isso, meus clientes queriam ter acesso exclusivo aos conteúdos, estratégias, rotinas e formas de pensar que moldaram minha performance.

Desenvolvemos habilidades interpessoais e nos desafiamos. Eu entendi que novas e criativas soluções surgem a cada dia, transformando a maneira como fazemos negócios, como adquirimos produtos e como consumimos serviços – talvez para sempre.

Pude chegar até aqui com três grandes ensinamentos que carregarei para sempre. O primeiro é que todos sairemos mais fortes de qualquer tormenta. O segundo é que elas nos ensinam muito, e esse ensinamento será passado para novas gerações. E o terceiro é que somos mais fortes, resilientes e, sobretudo, criativos do que pensamos. No contexto adequado e com o motivo certo, somos capazes de coisas extraordinárias.

JOEL JOTA É palestrante reconhecido, sócio do Grupo Primo, ex-atleta da seleção brasileira de natação e mestre em Ciências do Esporte pela EEFE-USP. Foi coordenador-geral do Instituto Neymar, professor universitário e treinador de mais de mil atletas. E autor do best-seller *Esteja, viva, permaneça 100% presente*, de *Ultracorajoso*, e mentor da coletânea *O sucesso é treinável*, todos publicados pela Editora Gente.

Um dos principais pontos que o empreendedor precisa ter em mente é como ele vai se posicionar como um guia, um suporte para seu público.

joeljota

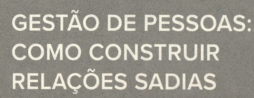

GESTÃO DE PESSOAS: COMO CONSTRUIR RELAÇÕES SADIAS

© LUCAS HOFFMAN

Ale Santana

Certa vez, um dos colaboradores de uma das agências em que sou diretor atrasou para o alinhamento de uma reunião importante. Ao fim dessa reunião, o jovem se mostrou estressado e abatido, com medo de uma possível demissão. Após dez minutos de conversa, ele começou a chorar e disse: "Alê, tenho medo toda hora que me demitam por conta da minha cor de pele". Ele é negro. Fiquei a pensar que tipo de gestor essa pessoa teve a infelicidade de encontrar. Acabei me lembrando de um outro colaborador que pinta o cabelo de rosa e volta e meia me diz: "Alê, será que vão se importar com a cor do meu cabelo?".

São duas situações distintas, uma que representa um problema estrutural na sociedade e outra o controle sobre a liberdade de um indivíduo para se expressar como quer, mas ambas com a mesma causa: profissionais excelentes sendo julgados por sua aparência física, e não pela qualidade dos seus serviços. No relato dos dois, percebi o quanto isso adoeceu a autoconfiança de cada um deles. Na minha opinião, atitudes como essas não são dignas de um gestor ou gestora. É nesse ponto que acho que, para exercer a função de gestão, é necessário mais do que trocar a biografia no LinkedIn.

Esses são alguns exemplos do impacto de uma má gestão. Entre quem é gerido, são comuns os sentimentos de medo e culpa, como se, ao menor sinal de erro, corressem o risco de receber um feedback humilhante. Na outra ponta, os gestores têm o desejo de fazer algo grandioso, mas não sabem, de fato, por onde começar. Em ambos os casos, sinto que existem referências e costumes antigos relacionados à gestão que deveriam ter sido extintos faz tempo. Um deles é a figura do chefe que vence impondo terror nos colaboradores.

O meu foco é mostrar que o processo de gerir uma equipe não é um bicho de sete cabeças. No entanto, dois motivos principais emperram os profissionais nessa virada de mentalidade para uma gestão mais sadia:

1. Crença limitante: a ideia de uma gestão que pense na demanda em 360° é algo que assusta os gestores. A maioria deles está acostumada a cuidar do problema do cliente e esquece que se a própria equipe não estiver bem, os problemas só aumentam. É mais fácil se impor na base da violência do que vencer no diálogo.
2. Falta de uma referência acessível: ok, podemos ler livros de gestão humanizada daquele renomado autor com mais de 1 milhão de exemplares vendidos. Mas essa pessoa é acessível? Eu posso chamá-la no Instagram para tirar a dúvida de como aplicar o seu processo de gestão na minha startup? Precisamos de exemplos mais condizentes com o nosso dia a dia. Pessoas reais falando para pessoas reais.

Gerir pessoas é diferente de mandar em pessoas

O profissional que faz a gestão de um grupo de funcionários entende qual colaborador é o mais indicado ou não para aquele trabalho, como ele lida com a pressão, em quais formatos é possível aproveitar 100% da sua capacidade etc. Por outro lado, mandar em pessoas é simplesmente se impor pela força, dar uma ordem e ignorar quais são os processos e maneiras para se fazer com que aquela tarefa seja cumprida com o máximo de êxito.

Quando falamos em gestão profissional, é necessário considerar dois cenários. Primeiro, o do gestor que acabou de chegar ao posto e não sabe ao certo o que fazer. O segundo é o de gestores que ocupam essa posição há bastante tempo e estão acostumados a um estilo antigo de gestão. Para cada um deles, eu proponho uma ação:

MINHA PRIMEIRA GESTÃO: um curso que reúne pessoas que começaram a atuar agora nos seus cargos de liderança em um ambiente de trocas e sem julgamentos. A proposta é ensinar conceitos com aplicações práticas, exercícios diários e de fácil implementação, para que eles aprendam como agir com seus colaboradores em situações reais. Ao fim do curso, é necessário visitar o espaço de gestão desse líder para entender se o processo funcionou ou não.

COMO SE FOSSE A PRIMEIRA VEZ: um curso de reciclagem que visa quebrar os conceitos já estabelecidos e oferecer novas ferramentas para uma gestão saudável. Sabemos que isso não é fácil pois, como diz o ditado, o uso do cachimbo deixa a boca torta. Mas se, de fato, queremos traçar uma estratégia para um novo mundo, temos de orientar a nova geração e chamar a geração anterior para uma conversa séria e sem rodeios. É preciso manter o respeito com quem soube chegar aonde chegou, mas entender também que, independentemente da sua idade, condição financeira ou momento profissional, todo mundo tem algo para aprender e para ensinar. E unir esses dois lados pode gerar bons resultados.

A gestão na prática

Uma vez, deparei-me com um jovem, recém-promovido ao cargo de gerente *trainee*, que exercia naquele momento o seu "poder" em uma situação: dois vendedores discutiam na loja para saber quem atenderia o cliente. A premissa do varejo é "o seu cliente vale ouro", e jamais uma situação como essa poderia acontecer no cenário de atendimento.

O gerente *trainee* impôs sua voz de comando com autoridade, ordenando que o jovem recém-promovido ao cargo de vendas cedesse o espaço para o melhor vendedor atuar, mas sem saber ao certo o que era realmente o melhor a se fazer na situação. Pude perceber que ele carregava, em sua essência, sinais de lideranças anteriores inadequadas, com julgamentos desnecessários. É importante lembrar que o setor de vendas costuma ser muito competitivo e pode gerar desentendimentos, brigas e até discussões. Entendido isso, como resolver conflitos de maneira justa, neutra e coerente?

Simples: primeiro, retirando os dois funcionários do cenário de atendimento, substituindo-os por outro com o estado emocional mais estável, garantindo um atendimento de qualidade ao cliente. E depois, fora desse cenário conflitante, ouvir as duas partes com a mesma atenção e de maneira justa e imparcial para decidir quem tem a razão e deixar claro quais são as regras de atendimento da empresa para evitar esse tipo de situação no futuro.

No mundo em que vivemos hoje – competitivo e acelerado em um ritmo alucinante de entrega de resultados em prazos cada vez menores –, nunca podemos deixar de considerar a importância das pessoas nas corporações. É por meio delas que conseguimos atingir os nossos objetivos.

Não sou adepto à hierarquia vertical, embora, em alguns momentos, ela seja importante para o time saber quem é o comandante. As pessoas envolvidas no processo de construção de uma ideia, na elaboração de um projeto ou até mesmo em momentos mais conflitantes precisam se sentir parte do todo. Dessa maneira, elas poderão entregar melhores resultados, se envolver de modo mais profundo nos projetos e produzir com mais satisfação dentro de um clima muito mais saudável de convivência. Tais atitudes podem, inclusive, diminuir a rotatividade de funcionários nas corporações.

Tanto nas relações profissionais como nas pessoais, a empatia é o segredo. Com a pressão que vivemos hoje em dia, na maioria das vezes não nos damos conta de que precisamos ouvir mais, nos importar mais com o que os outros pensam e ter paciência e entendimento caso o outro tenha um olhar diferente do seu. As pessoas precisam se sentir ouvidas, acolhidas e, assim, serão melhores umas para as outras. Afinal, ==pessoas precisam de pessoas!==

ALE SANTANA Profissional com mais de dezessete anos de experiência no varejo comercial e esportivo, está à frente da AM10Sports, agência de marketing esportivo da qual é fundador e CEO; da Pl4yce, hub criativa especializada em marketing e gerenciamento artístico; e da F5 Creative Studio, produtora de vídeo e criadora de conteúdo. É também motivador e influenciador de pessoas, direcionando-as em busca de resultados por meio da excelência, bom relacionamento, liderança, gestão de pessoas, visão estratégica e gestão de negócios.

**Gerir pessoas
é diferente
de mandar
em pessoas.**

02
ESTABELEÇA RELAÇÕES MAIS SIGNIFICATIVAS PARA AGREGAR EXPERIÊNCIAS

© ARQUIVO PESSOAL

Alexandre de Assis

Confiança se conquista com bom relacionamento. E um bom relacionamento depende muito da nossa abertura para ouvir e conhecer o outro como ele é. Isso nos dá a oportunidade de compartilhar experiências e, assim, aumentar nossa consciência acerca das várias situações que se apresentam na vida, sem necessariamente termos de vivenciá-las em nossa pele.

Há hoje um desprezo ao óbvio, ao básico. Em geral, partimos do pressuposto de que o outro tem as mesmas experiências, vivências, emoções e dores que nós. Inclusive, quando nos comunicamos com outras pessoas, muitas vezes consideramos que o nosso entendimento é a verdade, sem dar ao outro a chance de explicar o que realmente quer dizer. Julgamos sempre a partir do que a nossa experiência nos condiciona, sem ter como premissa entender que o outro é único. É por isso que eu digo que devemos dar uns aos outros o direito a um "diagnóstico" para alinhamento de percepções, limites e universos simbólicos em que possamos compartilhar sentimentos, conhecimentos e vivências, compartilhando e somando nossas experiências singulares de vida.

Quando não conseguimos abrir o nosso olhar e o mantemos limitado às nossas próprias experimentações, sem reconhecer no outro a potencialidade que ele nos traz como ser humano, acabamos por ficar atrofiados e frustrados, e trazemos sentimentos e crenças limitantes para nosso dia a dia. A partir do momento que não consideramos o óbvio e o básico para iniciar a extraordinária viagem de compreensão do outro como fonte divina de experiências diversas – que podem nos ajudar a ser melhores nas mais diferentes possibilidades da vida –, acabamos cedendo à pressão natural da sociedade e nos limitamos somente ao que vivemos.

No entanto, sentimentos e crenças limitantes podem e devem ser vencidos, possibilitando um olhar mais aberto ao novo mundo e aos indivíduos que dele fazem parte. O medo do novo, dos desafios, de falhar, de ser julgado, é o que impede o nosso crescimento pessoal. Deixar de entender o óbvio e o básico faz com que percamos a experiência de conexão com o outro e de compreensão sobre sua essência. Somos criados para que a personagem sobreponha o ser.

Na busca por realizações, muitos não querem percorrer o caminho que tem em si seus desafios, dores, falhas e julgamentos injustos. Por isso, seguem na inércia, agindo da maneira com a qual fomos todos condicionados, e seguimos insatisfeitos com as relações que se estabelecem ao longo da vida.

Mas por que é tão importante estar aberto a conhecer verdadeiramente o outro e a aprender com suas vivências? Ora, porque é a partir das relações interpessoais que se constroem todas as outras, sejam elas pessoais ou profissionais.

A confiança conquistada a partir de um bom relacionamento é essencial tanto para as conexões afetivas que estabelecemos ao longo da vida quanto para as corporativas.

No âmbito empresarial, vejo a importância das relações em diversas situações, para muito além da questão da convivência no ambiente de trabalho. Estabelecer relações genuínas que trazem confiança e que agregam diferentes experiências é essencial inclusive em contextos de negociações complexas, como operações de fusão e aquisição. Observo isso com frequência nas consultorias que ofereço.

Para estarmos abertos a realmente conhecer o outro, precisamos, antes de tudo, buscar conhecer mais a nós mesmos. Isso ajuda a evitar julgamentos rasos da nossa parte. É importante buscar nossa melhoria contínua na diversidade de vieses que traz a experiência humana. A humanidade está vivenciando um momento em que há uma grande oportunidade para aqueles que se propõem a serem melhores em si mesmos e nas relações com o outro, reconhecendo a importância da complementaridade.

Para isso, proponho o seguinte passo a passo. Lembre-se de que ele se aplica às relações em diversos contextos, do pessoal ao profissional:

1. DIAGNÓSTICO

Nas diversas relações humanas e corporativas, é importante alinhar percepções junto às pessoas e às instituições. O diagnóstico deverá ser estruturado a partir de informações que adquirimos com o tempo e com a experiência. Ele será mais profundo à medida que as pessoas estejam engajadas em compartilhar seu know-how e seus princípios éticos e morais. Para abrir esse canal, é necessário estar disposto a ouvir e a reconhecer valor nessa interação.

2. **ALINHAMENTO DE ENTENDIMENTOS**

Após o diagnóstico, iniciamos um entendimento com a outra parte, a partir da percepção de como ela e suas experiências podem nos aprimorar. Nesta fase, é importante entender perspectivas, expectativas, conflitos e desafios, reavaliar o que observamos no primeiro passo somente do nosso ponto de vista para, então, ampliar nossa compreensão. Assim, podemos propor um plano de ação claro, com objetivos definidos e que, principalmente, faça sentido para o outro e estimule-o a ser parte integrante do que está sendo construído. Neste momento, estar aberto a críticas e discordâncias é fundamental para iniciar a estruturação das execuções.

3. **EXECUÇÃO**

Com os entendimentos alinhados e um plano de ação comum a todas as partes, é necessário se esforçar para que os executores percebam que as ações propostas são práticas e funcionais. Assim, não pular o óbvio e o básico é premissa para somar forças e colaborações ao proposto. Neste momento, é preciso observar o que cada executor tem de melhor a oferecer e adicionar esta força aos objetivos traçados, sempre alinhando a comunicação com todos os envolvidos.

4. **REVISÕES PERIÓDICAS**

Com as constantes inovações, mudanças de gerações e evolução das visões de mundo, é necessário rever nossos posicionamentos, assim como os nossos planos de ação. É o momento de mensuramos as conquistas, exercitamos a gratidão e procuramos formas de melhorar continuamente com as atualizações necessárias.

O despertar para a importância do básico

Quando me propus a empreender, passei a atuar em um modelo de negócio que exige meu aprimoramento constante do ponto de vista pessoal, profissional e técnico. Eu não poderia usar somente meu universo de vivências, precisava aplicar também o que observava em situações vividas por outras pessoas e instituições. Assim, percebi que, através do método acima, poderia me disciplinar a alçar sempre novos voos, experimentando novas e múltiplas conexões com as pessoas e instituições com que convivia.

Ao aplicar o modelo nos ambientes corporativos, percebi que as instituições também são feitas de pessoas e, que, exatamanente por isso, precisam dessa metodologia para seu aprimoramento constante. Assim, quando eu trazia meu olhar de fora, agregando experiências e estreitando laços, o potencial de resultados foi percebido pelas pessoas – líderes ou liderados – e apareceram nas entregas realizadas por elas. Ao propor a comunhão de experiências, a abertura ao novo e a observância das percepções do outro, conseguimos despertar o engajamento ao propósito.

Está claro que o exercício constante de melhoria de nós mesmos eleva os resultados e os níveis de satisfação de todos os envolvidos. Quando não pulamos o óbvio, entendemos que cada um é único e traz em si uma potencialidade de experiências que pode nos aprimorar. Dessa forma, abrimos novas perspectivas, vencemos nossas crenças limitantes e aumentamos nossa resiliência, equilibrando saúde mental, física, vida pessoal e profissional.

Conheça a si mesmo, seja franco quanto às suas crenças limitantes, abra-se ao novo, permita-se conhecer a essência dos que convivem com você sem pressupostos ou julgamentos rasos. Crie metas práticas e objetivas para evoluções constantes e revise o plano de tempos em tempos para mensurar seus ganhos e se propor novos desafios. Ao obter resultados, será fácil fazer dessa uma prática diária e, assim, ver a transformação e o aprimoramento das suas relações ao longo do tempo.

ALEXANDRE DE ASSIS Teve sua formação sempre direcionada para a aquisição de conhecimento e desenvolvimento profissional. Graduado em Ciências Contábeis, especializado em Contabilidade Avançada e Auditoria pela PUC Minas, tem MBA em Gestão Financeira, Controladoria e Auditoria Empresarial também pela PUC Minas, Pós-MBA em Ativos e, por fim, uma especialização internacional em Strategic Business Leadership Seminar: leading change in turbulent times pela Ohio University. Há mais de vinte anos é CEO da Assis Auditoria e Consultoria Empresarial, atuando com estruturação de empresas, complice, governança, auditoria e consultoria, atendendo empresas de médio e grande porte em todo Brasil. É também professor de pós-graduação na Fundação Getúlio Vargas (FGV), onde leciona Contabilidade Gerencial e Planejamento Estratégico, e membro do Comitê de Auditoria Estatutário da Companhia de Gás de Santa Catarina.

A confiança conquistada a partir de um bom relacionamento é essencial tanto para as conexões afetivas que estabelecemos ao longo da vida quanto para as corporativas.

02

@ assis_gestao
in Alexandre Assis

O INVESTIMENTO EM PESSOAS COMO FERRAMENTA DE DESENVOLVIMENTO PESSOAL E PROFISSIONAL

© PACO ANTONINUS

Alex "Pezinho"

Ao longo da minha trajetória de vinte e cinco anos como compositor, arranjador e produtor musical, conheci inúmeros artistas independentes no mercado da música. Todos eles muito talentosos, cheios de criatividade e brilhantes musicistas, porém péssimos gestores. Logo entendi que falta a eles estratégia para lidar com o novo, com recursos e investimentos financeiros, com pessoas e, principalmente, com as drásticas mudanças que rapidamente se delinearam no cenário artístico musical, sobretudo com a consolidação dos streamings de áudio, como o Spotify e o Deezer, e com as mídias digitais, hoje importantes ferramentas de marketing e publicidade.

Engana-se, contudo, quem acredita que visão estratégica de futuro se relaciona apenas com noções técnicas e práticas de gestão, análises de tendências, aperfeiçoamento de técnicas melódicas e do trabalho com a palavra. Garanto que o investimento em especializações e aprimoramentos é fundamental para lidar com a realidade tecnológica e a indústria musical cada vez mais competitiva e diversa. Porém, tratando-se do mercado da música, é preciso tratar da dor do artista, sobretudo da dor do artista iniciante: a baixa autoestima.

Muitos, por mais talentosos que sejam, sentem-se incapazes de transformar a arte e o dom que possuem em um negócio de sucesso. Durante os encontros, eventos e cursos de *A fórmula do samba,* projeto criado para formar e conectar profissionais do samba e do pagode que desejam aumentar sua audiência on-line e off-line, respondo a inúmeras perguntas que refletem a falta de confiança, de consistência e de planejamento que impedem esses jovens tão promissores de estruturar a parte artística e empresarial da própria carreira.

Essa postura os joga em uma *zona de estagnação* que ora os impossibilitam de encarar a curva de aprendizado necessária para crescer, compreender o seu propósito e assumir o rumo da carreira; ora os impedem de reconhecer que, para driblar a baixa autoestima e viver o potencial máximo de seu talento, é preciso estar rodeado de pessoas, como em uma roda de samba. São as pessoas que fazem quaisquer talentos e quaisquer estratégias de inovação darem certo e alçarem novos voos.

É óbvio, para ter sucesso e reconhecimento é preciso reunir pessoas que consigam produzir, dentro do cenário artístico, produções culturais de valor para atrair parceiros comerciais e empresariais de impacto e poder econômico. Esses parceiros precisam ser capazes de posicionar esses artistas iniciantes no mercado e reduzir a insegurança e autossabotagem a zero. Para lidar com isso, sempre aconselho os músicos do A fórmula do samba a seguirem três passos que considero infalíveis, e os compartilho agora com você, caro leitor:

1. **PLANEJAMENTO E PREVISIBILIDADE:** defina o lugar a que quer chegar e quais serão os passos que precisa dar para ir além do que havia planejado. Conhecer o mercado, escolher o nicho ao qual deseja pertencer, determinar as melhores ferramentas de divulgação para o seu perfil, desenvolver planos de gestão e metas de crescimento para os próximos dois, três e cinco anos e prever quais são as tendências de mercado para sua área são etapas fundamentais para você se sentir preparado. Insegurança é sintoma de despreparo; esteja preparado e preveja tudo o que está por vir. Esteja pronto para virar o jogo, para apresentar o seu samba;

2. **ORIGINALIDADE E APERFEIÇOAMENTO ARTÍSTICO:** seja criativo e invista em formação técnica. Sendo músico ou não, reúna uma equipe criativa, engajada e bem-informada para que você esteja sempre inovando. Não há como ser original, autêntico e singular no contexto atual sem estar rodeado por uma equipe competente. Contrate pessoas que entendam que originalidade e aperfeiçoamento artístico se constroem com referências diversas – só assim você se destacará em seu nicho musical e em qualquer área em que deseje investir;

3. **CONSISTÊNCIA E ORGANIZAÇÃO:** seja persistente e organizado perante o seu planejamento. Traçar um planejamento e investir em melhoria e qualidade técnica são passos naturais, mesmo que difíceis, da trajetória de um artista. Porém é preciso ter consistência e organização nos ensaios, nas aulas, no planejamento financeiro, na logística e em todo o aparato da carreira de artista para que sua meta, seja ela qual for, seja alcançada. Sem disciplina, foco e repetição, seus projetos de vida não serão concretizados.

A construção de uma carreira com propósito é a escolha por uma carreira com consistência, organização, previsibilidade, aperfeiçoamento artístico, originalidade, criatividade e planejamento.

Quem nunca esteve aqui?

Hoje, ao compartilhar esses passos e ao falar da minha visão de como funciona a indústria da música, muitas pessoas acreditam que comecei a minha jornada apenas com vitórias e projetos de sucesso. Acontece que eu também quase me deixei levar pela baixa autoestima quando apresentei minha primeira música para o Exaltasamba. Comecei a me autossabotar pensando "quem você pensa que é para escrever música para um grupo que faz tanto sucesso?". Mas não me deixei abater, e usei os ensinamentos que trago aqui. Foram eles que me ajudaram a manter o foco e a traduzir o meu talento. E deram certo. Imagina a minha felicidade quando a minha música se tornou um hit? E mesmo com tudo isso, com toda a experiência que adquiri ao longo do tempo, não foi fácil encontrar a fórmula certa para comunicar a minha competência.

Converter baixa autoestima em sucesso é um processo demorado. É o primeiro passo para ganhar confiança é se tratar como profissional desde o início. Não vai ser fácil, mas o ideal é que você encontre uma equipe que consiga traduzir o modelo de negócio e de gestão que você já deverá ter definido tanto para si quanto para sua carreira. Aqui, sem dúvida, fica fácil de compreender que quando falamos de *branding*, gestão de carreira e gestão de projetos, estamos falando de encontro de pessoas.

Uma gestão musical bem-sucedida tem, naturalmente, como dito anteriormente, gestão de projetos, gestão de sucesso, plano de carreira, investimento artístico, mas é imprescindível que o artista, sobretudo aquele com baixa autoestima, aquele que duvida do seu talento, aquele que hesita, aquele que não consegue vislumbrar onde pode e quer chegar, entenda o papel das pessoas e de sua capacidade criativa para que sua carreira atinja o seu potencial máximo.

Pensar em uma carreira sustentável em um novo mundo é pensar em uma carreira que agrega, que reúne pessoas capazes de realizar conexões e de pensar a partir de diferentes perspectivas. A visão estratégica de futuro para o novo mundo está relacionada com o máximo de relações estabelecidas e como é administrado o efeito positivo que isso tem na carreira. É essa visão estratégica que ajuda jovens artistas a superarem dificuldades iniciais que atrapalham a trajetória deles, e uma desses pontos é a baixa autoestima. Ter gente competente, empática e criativa para estruturar, avaliar desempenhos e indicadores, traçar próximos passos e compartilhar insights criativos é fundamental para que uma segurança artístico-empresarial se estabeleça.

Saiba: na música, e na vida, reunir pessoas é sempre sinônimo de festa; porém, quando pensamos em estratégias para um novo mundo, reconhecemos que reunir pessoas é promover criatividade, construir estratégias inovadoras, vencer inseguranças, driblar crenças limitantes e, principalmente, criar um futuro em que tenhamos como propósito alçar, juntos, voos maiores.

ALEX "PEZINHO" É compositor, empresário e arranjador musical. Com mais de vinte e cinco anos na indústria da música, já produziu inúmeros grupos e artistas de sucesso, como Exaltasamba, Turma do Pagode, Pixote e Belo. Hoje, dedica-se ao projeto A Fórmula do Samba, iniciativa que capacita e forma profissionais para gerenciar a própria carreira.

Traçar um planejamento e investir em melhoria e qualidade técnica são passos naturais, mesmo que difíceis, da trajetória de um artista.

03

04

SOBREVIVER EM UM MUNDO DE TRANSFORMAÇÕES DIGITAIS

© STANLEY FERREIRA

Alysson Costa

04

Olá, meu nome é Alysson Costa, e eu sou um sobrevivente!

Sim, um sobrevivente. Aliás, nós somos, porque, afinal, se você está aqui, disposto a ler estas páginas, é porque também está sobrevivendo. E, não, não estou falando só sobre a pandemia ou os desafios dos últimos anos, estou falando sobre viver, com "viver" no sentido literal da palavra, não apenas manter seu corpo vivo e reagindo ao que acontece à sua volta, preso em um ciclo de trabalho e contas para pagar.

Em uma situação nunca vista antes, tivemos de ficar praticamente inertes para nos proteger e proteger quem estava ao nosso redor, vivendo quase como em um seriado de zumbis, trancados em casa, com medo de encontrar outras pessoas e de sermos contaminados por um vírus tão letal quanto os que vimos nos cinemas. Mas o que não percebemos é que antes mesmo desse período de isolamento, já enfrentávamos um momento delicado em que muitos batalhavam com a infelicidade, mas tinham medo de abraçar as inovações que construiriam um novo mundo.

Os últimos tempos foram de incertezas, de dor, de sofrimento e de perdas, mas não precisa ficar apavorado. Eu não vim para mexer nas suas feridas e muito menos para fazer você reviver o caos. Esse prelúdio é só para mostrar que sofremos, sim — física, psicológica e até financeiramente. Assim como muitos CPFs deixaram de existir, sobrando um vazio incalculável em muitas famílias do mundo, vários CNPJs também "morreram", causando dor intensa e vulnerabilidade em um dos órgãos mais sensíveis do corpo humano: o BOLSO.

Em março de 2020 eu era apenas um jornalista de um programa sobre agronegócio em uma emissora de TV no Centro-Oeste brasileiro, com um salário pequeno, a cabeça cheia de ideias e um mundo de dúvidas que me prendiam em um ciclo eterno de pequenez. Veio a covid-19 e a demissão em massa da emissora, logo nos primeiros indícios da pandemia. Para completar o cenário, uma semana depois da demissão, descobri que minha esposa estava grávida de nosso terceiro filho. Pode parecer desesperador, né? Empresas fechando, possibilidades remotas de uma nova contratação e um bebê chegando em alguns meses. Pois a soma desses fatores, ligada aos seis itens que descreverei mais à frente, foram a fórmula de motivação de que eu precisava para me reinventar e me tornar a pessoa que sou hoje.

Vivemos os maiores medos da humanidade

Em 2015, o jornal britânico *The Sunday Times* realizou uma pesquisa apontando os maiores medos da humanidade e, pasmem, antes mesmo da covid-19, 22% dos entrevistados já temiam o *crash* financeiro, enquanto 19% tinham como maior medo portar doenças graves e morrer.[1] Agora, imagine, o tal vírus trouxe à mente e à realidade de todos nós dois dos maiores medos da humanidade. Resultado? Caos instaurado, sensação enorme de perda, de falta de pertencimento e uma virada devastadora no mercado off-line.

O fechamento das lojas físicas trouxe incertezas para os consumidores e pavor para os empresários. Quem sobreviveria tanto tempo de portas fechadas? Como o mercado reagiria ao *crash*? O comportamento do consumidor seria alterado? Como o mercado da educação, que sempre olhou desconfiado para o ensino a distância, iria se portar com escolas e universidades fechadas?

Muitas incertezas e especulações chegaram e se espalharam com a mesma velocidade que o vírus. Porém, em toda crise surgem oportunidades. É verdade que muita gente chorou desde o primeiro dia, mas alguns decidiram encontrar em seu know-how maneiras de contornar essa situação delicada e aumentaram a fabricação de tecido para produzir lenços. Na verdade, quem mais sentiu o baque foram os mais despreparados para inovar do dia para a noite, os que enfrentavam o mercado empresarial de maneira amadora ou conservadora demais e viam a digitalização das empresas como algo eletivo e não fundamental para o novo mundo.

---

[1] FALAR em público: medo atinge mais pessoas do que se pensa. **Estadão**, 14 mar. 2017. Disponível em: https://economia.estadao.com.br/noticias/releases-ae,falar-em-publico-medo-atinge-mais-pessoas-do-que-se-pensa,70001698916. Acesso em: 08 dez. 2021.

Mas como dar os passos para evoluir e sobreviver à seleção natural do mercado após a pandemia?

O primeiro é entendendo, de uma vez por todas, que o mundo se digitalizou. E no mercado digital, assim como no processo evolutivo das espécies descrito por Charles Darwin, não é o mais forte que sobrevive, e sim aquele que tem a maior capacidade de se adaptar às condições do ambiente.

Não acredita? E se eu contar a você que um nadador se tornou o maior *player* digital no ramo da alta performance? Estou falando do Joel Jota, idealizador deste livro. Ou que um ex-garçom virou o maior influenciador digital do mercado financeiro no mundo? Aqui me refiro ao Thiago Nigro, mais conhecido como O Primo Rico. Tem também uma arquiteta que se tornou uma das maiores especialistas em redes sociais do Brasil! É a Carol Cantelli, que até criou um nome para sua nova profissão: "instrategista" – estrategista para o Instagram. O que eles fizeram? Antes de mais nada, foram EXTREMAMENTE rápidos. Enxergaram demandas reprimidas no mercado, estudaram muito sobre isso, apuraram a comunicação no nível máximo e mergulharam em um mundo de oportunidades sem limites. E a boa notícia é que você também pode fazer o mesmo!

Passo a passo da reinvenção

Para se dar bem no mercado digital, seja criando produtos, disseminando conhecimentos ou trabalhando com influência, você precisa de seis elementos básicos, que transformaram a minha vida e certamente foram decisivos na virada de muitos empreendedores que permeiam essas páginas.

1. **ESPIRITUALIDADE:** Para mim, este é o pilar mais importante. Conectar-se com o divino, ou seja lá como você o chame, aumenta sua fé e aguça a esperança em um caminho que, muitas vezes, pode não parecer tangível e, muito menos, meritocrático. A fé e a esperança serão aliadas fundamentais para enfrentar as adversidades que com certeza surgirão em sua jornada.
2. **AUTOCONHECIMENTO:** Se você não tiver absoluta certeza de quem você é, pode estagnar com a primeira crítica ou piadinha de quem não tem coragem de dar os seus passos. O autoconhecimento permite que você se apoie nas suas forças e nas suas melhores características para lidar com suas fraquezas.

3. **PRODUTIVIDADE:** Trabalhar sozinho e, às vezes, de casa é maravilhoso, mas se você não estabelecer processos, pode mergulhar em um poço sem fundo de procrastinação. Tenha métricas para avaliar sua produtividade e assegurar que está trabalhando para atingir seus objetivos.

4. **EMPREENDEDORISMO:** Se a veia do empreendedor não pulsar em seu corpo, você pode se perder na ilusão de que o dinheiro entra fácil e magicamente no seu bolso. E usar o dinheiro sem saber empreender pode ser o mesmo que pilotar uma moto sem guidão – ou você cai ou segue sem direção. Tenha clareza de como utilizar os seus ganhos a seu favor para não se tornar refém da sua vida financeira.

5. **COMUNICAÇÃO:** O mercado digital exige que você saiba como se portar na frente de uma câmera ou com um microfone na mão. Não saber como transmitir a sua mensagem de maneira clara e direta é um dos pecados capitais do empreendedor digital. É por meio da comunicação que você atrai público para o seu produto ou para a causa que defende. Não tenha medo de começar, é fazendo que se aprende.

6. **NETWORKING:** É o idioma do poder, o mais antigo e sábio dos ensinamentos. Há um provérbio que ilustra bem a importância de ser bem relacionado: "quem anda com os sábios será sábio; mas o companheiro dos tolos sofre aflição". Mantenha e valorize suas relações, mas faça isso de maneira genuína – demonstre real interesse nas pessoas e em suas realizações e aflições, assim aumentam suas chances de o outro querer saber também de você, construindo, assim, um networking sólido.

Os pilares descritos foram essenciais para guiar a minha virada. Eles me ajudaram a lidar com o inesperado e a encontrar caminhos que eu sequer considerava na época e que hoje me trazem satisfação pessoal e realização profissional. Agora eu não dependo de um organograma corporativo elaborado por terceiros para me indicar qual é a próxima posição que eu devo almejar. Eu mesmo construo o meu caminho a partir das minhas vontades e das oportunidades que aprendi a identificar neste novo mundo digital.

ALYSSON COSTA É jornalista por formação, mentor por opção e escritor por pura paixão. Alysson Costa é acima de tudo um filho de Deus que decidiu colocar o seu conhecimento à disposição de quem quer trilhar o caminho da transformação digital para chegar ao sucesso.

Mas como dar os passos para evoluir e sobreviver à seleção natural do mercado após a pandemia?

Discordo completamente de quem repete o discurso de que "a covid-19 mudou o mundo". Amigo, o mundo muda a cada segundo, o vírus apenas acelerou o processo. Dada a rapidez da evolução tecnológica, quem é mais lento acabará engolido por quem é mais rápido, citando Darwin novamente. Aproprie-se dessa informação e use a digitalização a seu favor.

Busque acesso, conhecimento, junte-se a quem já trilha o caminho e mergulhe de cabeça. Na internet, quase tudo se vende – de conhecimento a produtos, de treinamentos simples a pós-doutorados. A única barreira que pode fazer você parar é a falta de vontade de se adaptar a um mercado novo e aberto a novas e grandes oportunidades.

@alyssoncosta.jor
@alyssoncostajor

03

AUTOLIDERANÇA É O SEGREDO PARA CONQUISTAR O QUE DESEJA

© FOTO FERRAZ

Ana Maria Tasca

05

A espécie humana é a única do nosso planeta que possui as capacidades de comunicação, criatividade e resolução de problemas tão desenvolvidas. Não há nenhuma outra como nós. Porém, também somos muito bons em criar limites e armadilhas imaginárias que nos impedem de aproveitar ao máximo essas capacidades.

Analista de sistemas por formação, sou uma entusiasta do potencial humano. Sou casada, mãe de dois meninos e construí uma sólida carreira dentro de empresas multinacionais, começando como estagiária até chegar a cargos executivos. A alta demanda entre família e trabalho não foi um fator limitante para que eu, após os 40 anos, me conscientizasse que cuidar de minha saúde potencializaria minha performance. A decisão de priorizar minha saúde para envelhecer com qualidade me ensinou sobre o poder das escolhas. Atualmente, faço atividade física seis vezes por semana. Diariamente, trabalho cerca de dez horas por dia. E também estou presente na vida dos meus filhos e da minha família. Muita gente, quando me conhece, me questiona sobre a minha capacidade de equilibrar tantas atividades. Mas não é preciso ser nenhuma mulher-maravilha para isso. Eu resumo o segredo em uma única palavra: **autoliderança**. Para conciliar os diferentes aspectos da nossa vida, como carreira, família, amigos e amores, é necessário ter uma **atitude de líder** – independentemente do trabalho que você tem ou do cargo que ocupa. Nesse caminho, você precisa tomar decisões e fazer escolhas, **priorizar** o seu tempo e o cuidado consigo e com os seus sonhos. Só assim você construirá a vida que deseja.

Para cuidar da saúde, como eu, é necessário incluir isso na agenda, criar hábitos e tomar decisões sobre o que fazer ou o que não fazer, sobre o que comer ou o que não comer, enfim, entender o que está alinhado com o que deseja para seu futuro ou não. Uso o exemplo da atividade física porque é uma necessidade universal e é o que aplico em minha vida, mas esse conselho vale para todos os pilares da vida: aprender um idioma, fazer um curso, mudar de carreira ou de país. Você terá de priorizar a sua meta e organizar a sua rotina de maneira que suas ações levem ao seu objetivo.

Isso demanda **tempo e comprometimento**. E, assim como com um grande líder, também demandará de você coragem para **delegar atividades** que podem ser executadas por outras pessoas. Um líder sabe se comunicar de maneira estratégica e objetiva, conquistando o suporte e o engajamento de seus apoiadores. Não deixe que a vida decida por você, seja o seu próprio líder.

Com o nascimento dos filhos, muitas pessoas não se planejam devidamente para estar em seu potencial máximo, priorizando o apoio ao crescimento e desenvolvimento deles. As mulheres, em especial, acabam anulando outros sonhos sob a perspectiva da alta demanda. Sentem-se frustradas, como se estivessem sentadas no banco do passageiro, apenas observando aonde a vida vai levar. Iniciam o dia preparadas para viver aquele dia apenas, sem consciência sobre o caminho ao qual suas decisões as estão levando.

É ótimo viver intensamente o presente, mas existe uma grande diferença entre ser um construtor e um sonhador. Limitar-se pela alta demanda imposta pela rotina se baseia na falta de dois fundamentos principais: conceito estratégico de futuro e domínio sobre o próprio futuro.

Líderes tomam decisões estratégicas com pensamentos de médio e longo prazo.

A todo momento estamos fazendo escolhas. A falta de consciência de que suas decisões de hoje estão construindo o seu amanhã é o que impede a maioria das pessoas de alcançar a vida que desejam. Mesmo quando decidimos não fazer nada também estamos escolhendo.

Por exemplo, é muito mais fácil aceitar comer um pudim num almoço entre amigos do que dizer não à oferta e manter-se fiel à promessa de dieta que fez a si mesmo. A consequência de romper com a palavra pode parecer fácil, o peso extra causado a mais pelo açúcar não serão notados no dia seguinte. Mas, assim como as boas práticas dão resultados apenas no longo prazo, o inverso também é verdadeiro. Ou seja, suas más decisões de hoje definirão o seu futuro.

Tomar decisões frequentemente significa ser impopular, ser julgado. Assumir a liderança é, muitas vezes, navegar tranquilo no desconfortável, sabendo que será avaliado a todo instante.

Liderar suas escolhas é assumir o papel de construtor do seu amanhã, maximizando sua contribuição para a sua vida e para a de todos que estão ao seu redor.

O potencial humano é ilimitado. É maravilhoso pensar que, como humanidade, fomos capazes de mandar um homem para a lua. Não apenas levá-lo, mas também trazê-lo de volta. E não somente uma vez. Construir o amanhã se inicia com pequenas ações diárias que, repetidas de maneira consistente, podem crescer, evoluir e ajudar muitas gerações que virão. Pessoas que assumem o papel de grandes líderes de suas escolhas podem impactar positivamente a formação de seus filhos, de sua família, de seus vizinhos, de seus colaboradores.

No mundo atual, com múltiplos afazeres em paralelo, o planejamento estratégico representa uma grande vantagem competitiva. Desde o momento em que levantamos da cama, somos bombardeados com dezenas de propagandas e notícias que atraem o nosso foco e a nossa energia. Porém, é fundamental reservar a nossa energia para tomar decisões dentro do papel de liderança da nossa vida. Proponho, a seguir, um esquema para que você conquiste essa posição:

- Sente-se por um momento e reflita sobre um objetivo que gostaria de alcançar. Pode ser, por exemplo, começar a frequentar a academia;
- Em seguida, reflita sobre como se sentirá após alcançar o seu objetivo. Imagine as mudanças no seu corpo e na sua disposição, pense em quantas tarefas poderá executar ao se sentir com mais energia e resistência física, sinta o orgulho que terá quando as pessoas abordarem você para perguntar sobre como consegue se manter constante em seus planos;
- Depois, reflita sobre os benefícios que terá ao conquistar o seu objetivo. No caso do nosso exemplo, a prática de atividade física impacta direta e positivamente na saúde, melhora o sistema imunológico, proporciona longevidade e uma velhice de qualidade em companhia de seus entes queridos, além de turbinar o potencial cognitivo;
- Por fim, escreva o seu plano e quais são as decisões necessárias para fazer com que conquiste esse objetivo. Ou seja, para que possa ir à academia três vezes por semana, será necessário delegar a ação de levar os filhos para a escola naquelas manhãs.

Quando tomei a decisão de praticar musculação seis vezes por semana e construir minha mobilidade para minha velhice, a resiliência e a rotina que implementei em minha vida tornaram-se referência para as pessoas que estavam à minha volta. Foi necessário assumir que teria de delegar algumas funções para dar conta do que era realmente importante para mim, também foi essencial assumir a responsabilidade pelo planejamento da minha agenda.

Uma vez desenvolvida essa liderança sobre as próprias escolhas e o entendimento sobre uma forte mentalidade para tomada de decisões, apliquei a mesma metodologia em outras áreas de minha vida, como na carreira profissional. Assim, coloquei o foco em identificar oportunidades nas situações de maior adversidade, emergindo das dificuldades com grandes ideias e atitudes capazes de fazer com que as pessoas acreditem muito mais em si mesmas, potencializando sua contribuição para um bem maior.

Temos apenas uma oportunidade de construir um futuro sólido, e essa única chance se chama **hoje**. É preciso iniciar a construção do amanhã **agora**. Mas é preciso comprometer-se. Somos capazes de coisas incríveis, conquistamos a lua, tivemos avanços na ciência e na tecnologia. Por isso, não se esqueça de que você tem um potencial de infinitas possibilidades, você pode e deve fazer parte da construção do novo mundo, mesmo que o primeiro passo seja olhando para si. Dê mais credibilidade a você e deixe aflorar o que possui de melhor. Além de viver a vida que deseja, você impactará positivamente os outros ao seu redor pela força do exemplo.

ANA MARIA TASCA É esposa e mãe de dois meninos. Diretora de *Supply Chain* (cadeia de suprimentos) em grandes multinacionais, mentora de executivos, desenvolvedora de talentos e líder de organizações em transformação.

Líderes tomam decisões estratégicas com pensamentos de médio e longo prazo.

05

⌾ annamtasca
in ana maria tasca

NÃO PERMITA QUE O MERCADO DETERMINE SEU PREÇO QUANDO VOCÊ SABE O VALOR

© EDUARDO CARNEIRO

Arthur Bender

A imensa maioria dos profissionais se tornou refém das circunstâncias quando se trata da gestão das suas carreiras. Em geral, são profissionais capacitados, que sabem o valor da gestão para as empresas, mas que, paradoxalmente, não aplicam seus conceitos em si mesmos – ou porque acham que não precisam ou porque acreditam que têm um vago plano na cabeça. Isso é uma cilada. Eles podem parecer bem, sobretudo se a empresa ou o segmento em que atuam vai bem. No entanto, não se dão conta de que se tornam reféns dessas circunstâncias quando não constroem uma marca pessoal forte e valiosa, que se perpetua além das empresas e dos cargos que ocupam.

Existe uma parcela de profissionais numa zona pior ainda. À deriva, sem norte, sem plano, batendo ponto como zumbi corporativo, de crachá no peito, esperando a sorte de uma promoção ou uma grande proposta e, até mesmo, o dia de se aposentar para enfim começar a viver. Ou o que é moda agora: sonhando em se tornar rico e famoso nas redes sociais para não precisar mais trabalhar. O resultado disso? Pessoas amarguradas, que veem o trabalho como um fardo difícil de carregar, que se ressentem das segundas-feiras esperando "sextar" para voltar a viver.

Esses profissionais ainda não compreenderam que o jogo mudou, que não basta mais uma pilha de diplomas ou somente a técnica. Ambos são ótimos, mas só o levarão até certo ponto. Depois dele, você entra em outra arena, no campo da confiança e da reputação. Um jogo baseado em percepções e significados, que demanda autoconhecimento, autogestão e atitude para se tornar protagonista da própria vida. Isso exige a criação de um plano e de responsabilidade pela gestão de si mesmo como marca pessoal.

Sem um plano e sem a autoconsciência, o que resta são profissionais que sofrem por se sentirem perdidos, cansados e desiludidos, sem conseguir encontrar significado para o trabalho. Pessoas conformadas, ou pior, tóxicas, rancorosas, sem brilho e sem tesão pela vida, que deixam rastros de ressentimento e entregas medíocres por onde passam. Ou seja, efeitos danosos para o mercado e para a sociedade.

Existe também a pressão de uma sociedade ansiosa por vencer, por brilhar, por ganhar fama, seguidores e dinheiro, mas preguiçosa e covarde para enfrentar a sua própria verdade. Isso forma pessoas que consomem autoajuda barata, que ilude com atalhos e oportunismo – e, com isso, impede essas pessoas de enfrentarem o que precisam para conquistar os seus sonhos.

Eu acredito que boa parte dessas pessoas sofre por desconhecer a solução. Não conhecem o conceito de *personal branding* e nem sabem que deveriam fazer gestão de si mesmas. Continuam no banco do carona da vida, reclamando que não chegam lá, mas não assumem as rédeas do caminho. Esperam ajuda dos outros porque não sabem como se ajudar.

A boa notícia é que estamos todos condenados à liberdade de escolhas. Ou seja, cada vez mais, teremos a chance de ser "gestores de nós mesmos" e protagonistas do nosso próprio caminho.

Minha recomendação é: não espere nada e nem culpe ninguém. Em vez disso, assuma a gestão de si mesmo e seja responsável por sua própria transformação.

Os passos para essa revolução pessoal são simples, basta você querer segui-los e aplicá-los em seu dia a dia.

O poder do significado

Esqueça a ideia da motivação vinda de terceiros. A vontade de agir só virá quando você mesmo encontrar significado para a sua vida. Sem isso, nada feito, será tentativa e erro. Ao encontrar significado, ganha-se a possibilidade de se apaixonar pelo que faz. Depois disso, caro(a) amigo(a) leitor(a), ninguém segura mais um ser humano apaixonado que encontrou propósito no que faz. Esse é o caminho que o leva à excelência. Nesse caminhar, você não só se torna um profissional melhor, mas também um ser humano melhor. E é isso que realmente importa numa marca pessoal.

Mas nada disso acontece se não houver um plano e se você continuar à deriva, ao sabor do vento das circunstâncias. Portanto, é aí que começa a sua virada. Para isso, eu proponho os seguintes passos:

1. **Questione-se: quem é você hoje?** Para determinar sua posição atual, você precisa mergulhar em si mesmo, investindo em autoconhecimento. Isso é vital. Conheça suas forças, suas fraquezas, suas vulnerabilidades, seus talentos. Reveja sua história. Procure se enxergar em retrospectiva e compreender sua trajetória e o que o trouxe até aqui. Analise suas conquistas e seus fracassos e identifique padrões a serem quebrados. É assim que você encontrará indícios de quem realmente é, o que o trava e o que o pode alavancar em direção aos seus sonhos.
2. **Tome consciência de si mesmo, a partir do olhar do outro.** Compreenda-se melhor olhando para os outros à sua volta, entendendo os impactos que você causa e os reflexos disso em você. É a partir desse olhar crítico que você pode compreender melhor a sua singularidade como marca pessoal.
3. **Construa um futuro.** Determine onde e quando você quer chegar. Visualize-se minuciosamente nessa posição. Mova-se sempre com a intenção de chegar lá. Use essa visão como bandeira para o orientar na direção certa e como filtro técnico para as suas tomadas de decisões.
4. **Elabore uma estratégia.** Depois dos passos 1, 2 e 3, você precisará de uma estratégia. Um "como" migrar da sua posição atual para chegar ao futuro desejado. Afinal, objetivo sem estratégia não é nada. Sonhos precisam virar objetivos e objetivos precisam de um "como chegar lá".

Trata-se de pura determinação, amigo(a) leitor(a). Lembre-se: os otimistas fracassam porque não fazem nada para alterar a sua realidade. Por isso, quem geralmente vence é o realista, aquele que enfrenta a sua própria verdade, seja ela qual for.

Mas atenção: isso não é fórmula mágica para ficar famoso. Assumir as rédeas da vida e ser protagonista do seu próprio destino é bem mais valioso, concorda? É sobre encontrar significado e realização pessoal. E isso, você sabe, não tem preço. Para fazer acontecer, é necessário a atitude de querer mudar e chegar lá.

A partir dos inúmeros clientes que tive o privilégio de planejar como marcas pessoais, passei a entender o que geralmente nos impede de crescer: não enxergamos aquilo que todos à nossa volta enxergam em nós. Acredita? E, o mais grave: temos uma dissonância cognitiva entre a imagem que acreditamos ter e a que realmente temos para os outros. Isso se torna uma grande fonte de problemas, porque agimos enfatizando um traço de identidade e somos percebidos de outra maneira, às vezes, até contraditória. Assim, damos foco aos atributos errados, achando que estamos sendo autênticos quando, na verdade, criamos atrito desnecessário, ruído e desgaste.

Saídas? Sim, elas existem. A mais importante, como disse antes, passa pelo autoconhecimento, pois é a partir dele que você tem a chance de tomar consciência de quem realmente é e de dar a virada que sonha. Esse mergulho em si mesmo pode ser dolorido, mas eu garanto que é libertador. É você consigo; sendo gestor do próprio caminho.

Acredito que a busca profissional passa por construir uma interseção de três pontos que o tornam imbatível: excelência em algo que você sabe fazer, transformar essa habilidade em seu motor econômico e ter paixão pelo que faz. Esse é o conceito do Porco Espinho para empresas, criado pelo consultor estadunidense Jim Collins,[1] que eu adaptei para pessoas. É uma interseção poderosa para torná-lo imbatível. E o melhor: disponível para todos nós. Basta que você mergulhe de cabeça no autoconhecimento para encontrá-la em si.

Essa interseção é o seu foco de marca pessoal e a base para conseguir **o encaixe perfeito para o seu posicionamento**. É a partir dele que elimina o atrito da vida, obtendo fluidez e fazendo sua reputação o impulsionar. É nesse ponto que você tem a chance de descobrir o significado da sua marca pessoal e o que veio fazer nessa vida. Essa descoberta pode levá-lo ao "nirvana do ser humano", que é como o filósofo Domenico De Masi define quando perdemos a noção do que separa o trabalho do aprendizado e da diversão.

É essa realização pessoal que eu desejo a você por meio do *personal branding*. E que jamais se esqueça de uma coisa: que não é sobre fama, poder ou riqueza. É sobre a marca que você deixa no mundo. É sobre a transformação que você causa. É sobre o seu legado de vida. Pense nisso.

---

1 COLLINS, Jim. **Empresas feitas para vencer**. Rio de Janeiro: Alta Books, 2018.

ARTHUR BENDER É especialista em posicionamento de marcas com trinta e cinco anos de experiência; palestrante, conselheiro, criador do conceito de *Personal Branding*, e autor dos livros *Personal Branding* (2009) e *Paixão e Significado da Marca* (2013).

Minha recomendação é: não espere nada e nem culpe ninguém. Em vez disso, assuma a gestão de si mesmo e seja responsável por sua própria transformação.

@ arthur.bender
in arthurbender
⊕ www.arthurbender.com.br

A VERSÃO REAL DO EMPREENDEDOR DE ALTA PERFORMANCE

© ARQUIVO PESSOAL

Carla Sarni

Cada vez mais, o empreendedorismo tem sido a escolha de muitos profissionais que desejam autonomia, que precisam de uma fonte de renda ou que acreditam que têm um produto ou serviço que faz a diferença na vida das pessoas. Seja qual for o seu motivo para empreender – podem ser os três ao mesmo tempo, inclusive –, eu preciso alertá-lo sobre a vida real dos empreendedores, que na maior parte do tempo passa longe da romantização que muitos "empreendedores de palco" pregam em eventos e nas redes sociais.

Criar o próprio negócio é muito mais do que realizar um sonho ou trabalhar por um propósito. Esse é o lado romântico da coisa. Ser dono da própria empresa envolve também muitas renúncias. Faz parte de empreender abrir mão de compromissos sociais porque precisa acompanhar a entrega do fornecedor, porque precisa dar suporte ao cliente e, até mesmo, para buscar novos mercados. É renunciar à estabilidade financeira e ao tempo com a família para se dedicar e investir no crescimento do negócio. É trabalhar mais do que todo mundo porque você é o maior interessado em ver a empresa dar certo. Afinal, as coisas acontecem quando direcionamos nossa energia para elas.

Empreender sem levar esses aspectos em consideração é o caminho para a frustração. Calma, eu não o quero desmotivar. Meu objetivo é alertá-lo para a importância de desenvolver **inteligência emocional** para lidar com os desafios que virão. O lado romântico do empreendedorismo também tem o seu valor, principalmente quando você transforma o sonho e o propósito em um objetivo, e tem um plano estratégico para alcançá-lo.

Sem essa visão de longo prazo, o empreendedor deixa de ver o lado positivo e passa a focar o risco do fracasso e a sua suposta incapacidade de lidar com os problemas que se apresentam. Assim, por mais inteligente e talentoso que seja, ele se sente desanimado, inerte, remoendo tudo o que pode dar errado, sem conseguir seguir em frente. Por ter receio do futuro, não consegue forças para continuar adiante. Os desafios trazem insegurança, medo de errar, paralisação ou, pior, o fazem acreditar que seu negócio não vai dar certo. Apesar da vontade de desistir, nesse momento você precisa ser forte e resgatar, com clareza, os motivos que o levaram a investir na própria empresa. Visualize aonde você quer chegar para ter inteligência emocional, seguir caminhando e enfrentando dificuldades, pois o grande papel de um empreendedor é encontrar soluções para os problemas em vez de fazer parte deles.

Nenhum desafio deve ser maior do que a sua vontade de crescer.

Os problemas sempre vão surgir, não só nos negócios, mas também na vida. O nosso papel é ter sabedoria e força de vontade para ultrapassar os obstáculos e seguir adiante. Tudo vira experiência e conhecimento para guiá-lo em direção às melhores decisões para o seu negócio. Foi assim comigo quando, ainda na faculdade de odontologia, era chamada de camelô e sacoleira por vender roupas e doces para os colegas como forma de custear os estudos em outra cidade. Filha de pai motorista de ônibus e mãe cabeleireira, enquanto estava na universidade eu já vislumbrava e me orgulhava da carreira que poderia ter. Por isso, não me deixava abalar pelas dificuldades. E olha que, naquela época, eu nem imaginava que seria dona de uma rede de mais de quinhentas unidades, realização que me enche de satisfação.

Do sonho à realização

Outro fator que me levou ao sucesso – não só vinte e sete anos atrás, quando fundei a Sorridents, como agora, em meio à pandemia – foi a **inovação**. Eu inovei quando decidi oferecer atendimento digno em odontologia às classes C e D e sigo inovando até hoje, com o serviço de pré-orientação odontológica por telefone, por exemplo. O procedimento é comum nos Estados Unidos e na Europa, mas ainda é novo no Brasil. Assim, e entre outras ações, consegui fazer com que a minha empresa obtivesse um crescimento de mais de 300%, mesmo durante a crise da covid-19.

Porém, tão relevante quanto inovar é a velocidade em que você faz isso. Se demorar muito, pode ser tarde demais. Isso nos leva aos próximos pontos: a importância de estar realmente **atento ao mercado** e de colocar as

pessoas no centro da estratégia – sejam elas os clientes (e suas necessidades), sejam os colaboradores.

Estar atento ao mercado significa estar de olho nas modificações pelas quais ele está passando, dentro do seu nicho e como um todo, além de acompanhar o cenário nacional e internacional. Essa visão ampla contribui para encontrar novas oportunidades e estar sempre à frente, mas, claro, sem esquecer de prestar atenção ao que o seu cliente espera.

Em qualquer empresa, seu primeiro cliente são os funcionários. Eles precisam trabalhar acreditando no negócio e vestindo a camisa, assim, o crescimento passa a ser mútuo. Foi só depois de algum tempo como empresária que eu percebi a importância de investir em uma equipe capacitada e engajada. Em 2015, entendi que, se quisesse levar a empresa a outro patamar, precisaria olhar para as pessoas. Fiz isso, continuo fazendo e estou colhendo os frutos desse investimento. Pessoas capacitadas e aptas ao cargo para o qual foram selecionadas entregam resultados extraordinários e agregam muito valor ao negócio. O ganho é imediato.

Uma frase de que eu gosto muito ilustra a necessidade de se investir na equipe: ouro na mão das pessoas erradas vira pó. Ou seja, você pode ter a melhor empresa, o melhor produto ou serviço, o melhor ponto comercial ou plataforma on-line, porém, se não tiver um time adequado conduzindo toda a empresa, nada disso se sustenta.

Além da qualificação dos profissionais, preocupe-se em garantir a eles satisfação no trabalho. Mantenha um ambiente saudável, com lideranças motivadoras, e seja você também um incentivador. Lembra-se do que eu falei no início sobre renúncia e dedicação? Esteja presente no dia a dia da operação, seja a principal inspiração para os seus colaboradores. Você é o maior responsável pelo engajamento deles. Mostre o seu melhor e saiba extrair o melhor do seu time, faça com que acreditem em você e na sua empresa. Somente assim os resultados aparecerão.

Por trás de todo CNPJ, existem pessoas e famílias. Como empreendedor, você tem potencial para impactar muita gente. Quando decidimos empreender, abrimos mão de algumas coisas e corremos muitos riscos, é verdade. Mas, se o empreendimento der certo, a prosperidade afetará não só o seu negócio, como também a vida de outras pessoas ao seu redor. Pensar nisso pode ser assustador, a responsabilidade parece grande, eu sei. E é, de fato.

Mas não deixe que isso o assuste, paralise ou desmotive. Pelo contrário, aposte na influência positiva e na transformação que pode exercer sobre as pessoas que dependem de você. A geração de empregos leva a realizações – sua, enquanto empreendedor, e dos seus colaboradores, se eles encontrarem satisfação pessoal e profissional no trabalho. Empreender é um ato de coragem.

Eu acredito que cada um de nós pode contribuir com o próximo compartilhando nossas histórias de sucesso – e de fracasso também, por que não? Nosso país possui muitas pessoas que já empreendem no dia a dia, e nossa trajetória pode fazer com que elas acreditem que também são capazes de construir grandes empresas. A empresa, para mim, é como um filho: quando nasce, precisa de muita dedicação e dá muito trabalho, mas deve ser preparado para crescer e buscar o mundo.

CARLA SARNI É CEO do Grupo Salus e fundadora da Sorridents. Mãe, esposa e empresária premiada como uma das maiores lideranças femininas do país, Carla nasceu em Pitangueiras (SP). Formada em Odontologia com especialização em bucomaxilo pela Universidade de Alfenas (Unifenas), ambas em Minas Gerais, destacou-se por revolucionar a odontologia no Brasil, inovando na prestação de serviços nos consultórios odontológicos. Seu espírito empreendedor despertou o desejo de ter sua própria clínica, que existe até hoje na Vila Cisper, na cidade de São Paulo. Em 1995, a clínica passou a adotar o nome Sorridents, e em 2007, adotou o modelo de franchising para acelerar a expansão. O modelo de negócios inovador desenvolvido por Carla Sarni se tornou *case* de sucesso nas mais conceituadas universidades de negócios do mundo e no curso Empretec, do Sebrae. Recebeu alguns prêmios pessoais, entre eles Prêmio Jovem Liderança, em 2012, e o Prêmio Empreendedora do Ano, da Money Report, em 2020. Atualmente, está à frente do Grupo Salus Participações, holding com foco nos segmentos de saúde, beleza e bem-estar, que atende pelas marcas Sorridents, GiOlaser, Olhar Certo, Sorriden, DocBiz, New Aligner, Indico pra Você e pelo Instituto Sorridents.

Nenhum desafio deve ser maior do que a sua vontade de crescer.

 **dracarla.sarni**

DECOMPOSIÇÃO DAS JORNADAS: O CAMINHO PARA A INOVAÇÃO

© ADRIANA MARGOTTO

Carlos Busch

Estamos vivendo um momento histórico de intensas transformações no mundo. O avanço da tecnologia está mudando as relações entre as pessoas e as formas de consumo, o que impacta o mercado, as empresas e as carreiras. Não à toa, muitos executivos sentem-se ameaçados, têm medo de deixarem de ser relevantes, temem os profissionais das novas gerações e as visões diferentes de condução dos negócios. Por outro lado, alguns nem se dão conta do quanto estão vulneráveis diante da nova realidade e seguem desfrutando do conforto de suas posições.

No entanto, este cenário de economia volátil exige que se aja de forma proativa para não se tornar obsoleto no mercado – e não é difícil chegar a essa conclusão, basta analisarmos, por exemplo, o ranking das maiores empresas do mundo nas últimas décadas. Muitas das que figuravam no topo da lista no início dos anos 2000 perderam mercado de forma contínua, engolidas pelas *big techs*. Outras até deixaram de existir, comprovando a profundidade das transformações que vivemos.

Muitos empresários e executivos que passam por este desafio em seus negócios e carreiras identificam este contexto como um problema. Isso acontece porque eles seguem realizando suas atividades nos mesmos modelos de antes. Ou, o que é pior, simplesmente desistem. Não percebem que uma nova realidade exige uma nova atitude. Apenas uma minoria busca comportamentos ou movimentos diferentes para se destacar neste mercado que, apesar de dinâmico, também traz muitas oportunidades.

A principal razão para que os líderes das empresas não percebam a necessidade de mudar de atitude é a falta de atenção sobre o próprio comportamento. Assim, agir somente dentro de sua zona de conforto, sem assumir riscos, torna-se a principal ameaça na condução dos negócios.

Não aceite estar na média. Muitas vezes, a forma ordinária de pensar, agir e criar é fruto do modelo educacional em que crescemos ao longo das últimas décadas, que busca seguir a maioria, e não estar além das expectativas. Para fugir da média é preciso inovar.

A disrupção nunca chega como um grande elefante – ela chega como pequenas formigas, que impactam o todo com o tempo.

Uma das principais estratégias para que empresários e executivos direcionem seus negócios para o aproveitamento das oportunidades atuais passa pela **decomposição das jornadas**. Este é o catalisador para um mercado mais dinâmico e, principalmente, alinhado aos desejos e interesses dos consumidores. Ao decompor a jornada dos clientes, é possível, por exemplo, melhorar etapas dessa relação. Isso garante melhorias e proporciona verdadeiras revoluções em muitas empresas e mercados.

Como a disrupção acontece na prática

Se analisarmos, por exemplo, o mercado de beleza, provavelmente a grande maioria dos consumidores visita alguma loja do segmento para fazer testes dos produtos que deseja. Pode ser para conferir a cor, a textura ou o cheiro. Até porque cada produto pode entregar resultados diferentes em pessoas diferentes, de acordo com o tipo de pele, de cabelo e assim por diante.

Restrita a apenas essa pequena parte da jornada de consumo dos produtos de beleza, observamos o surgimento da empresa Birchbox, nos Estados Unidos, que trabalha com o modelo de assinatura e que criou um processo de entrega a domicílio de uma caixa com quatro a cinco amostras selecionadas de maquiagem ou outros produtos relacionados à beleza. São itens para a pele, perfumes, produtos orgânicos e vários outros cosméticos. A Birchbox focou em apenas uma das etapas da jornada e se tornou um dos grandes expoentes desse mercado, criando novas possibilidades aos consumidores para compras on-line sem a necessidade de visitar uma loja para experimentar os produtos. De maneira indireta, isso interfere em outras etapas da jornada e cria uma disrupção no mercado. Essa mesma forma de pensar, aplicada às mais variadas indústrias, certamente trará melhorias fundamentais para as empresas a partir de experiências positivas dos clientes.

Se analisarmos os *players* que se tornaram protagonistas em seus segmentos nos últimos anos, veremos empresas como Nubank, iFood, Netflix, Tesla, Uber, Airbnb, entre outras. Elas criaram uma disrupção nos seus mercados fundamentalmente pela melhoria de uma ou mais etapas da jornada de experiência dos clientes. Em alguns casos, elas não criaram nada novo, mas mudaram a forma de conectar o cliente ao produto.

O que eu desejo reforçar aos profissionais que lideram negócios é que, além de buscar as melhores tecnologias para os seus produtos e serviços, é fundamental dedicar tempo para conhecer toda a jornada dos seus consumidores e analisar em quais etapas a sua empresa pode ser melhor. Dessa maneira, será possível renovar o espaço de protagonismo da sua empresa no mercado – ou alcançá-lo, se não tiver chegado lá ainda.

Como o escritor e consultor administrativo Peter Drucker dizia há muitos anos, nosso mercado investe muito em TI, mas a maior parte é no T de tecnologia, deixando de lado, em muitos dos casos, o investimento no I da informação. Informação é poder – essa afirmação é válida para os dois lados, tanto o dos clientes, que hoje têm acesso a mais possibilidades de pesquisa e de fornecedores, quanto o das empresas, que podem se valer do uso cada vez maior de dados para aprimorar sua oferta.

Quando usados de maneira correta, os dados representam uma vantagem competitiva em relação à concorrência. Se você ainda não despertou para a importância deles, pode ter certeza de que algum concorrente seu, ainda que você nem saiba que ele existe, está de olho neles. Os dados, quando trabalhados corretamente, permitem o acompanhamento do histórico e fornecem análises preditivas que auxiliam a mapear comportamentos e a elencar subsídios para inovação. Em um mercado cada vez mais dinâmico e acirrado, essa pode ser a diferença para a perenidade de um negócio.

Essa tem sido a estratégia de muitas empresas – desde gigantes como Alibaba, do outro lado do mundo, na China, ou Magalu, aqui mesmo no Brasil, até pequenos negócios, como startups. Ao decompor a jornada de seus clientes e analisar dados de diferentes fontes, é possível identificar pontos de melhoria e focar os aspectos principais que podem fazer a diferença para a sobrevivência da empresa nos novos tempos. Esse é o caminho da inovação, tão valorizada pelos clientes e reverenciada pelo mercado. Pode ser o caminho para um ganho de escala e para o *valuation* do negócio.

É também o caminho para sair da média, para se diferenciar do que os outros estão fazendo.

Essa análise pode resultar em uma pequena mudança de processo que impacta positivamente a experiência do cliente ou pode resultar em algo totalmente novo, seja um produto, um serviço ou até mesmo um modelo de negócio. Não tenha medo de ousar e ir além das expectativas, o mundo em que vivemos favorece e valoriza isso. Você pode ser o criador da próxima grande disrupção do mercado, seja qual for o seu segmento de atuação. Sonhe grande e use as ferramentas tecnológicas a seu favor, com a inteligência que só a sua experiência pode agregar.

Coloque o cliente no centro da sua estratégia, pense como ele, aja como ele e colete o máximo de informações que possam dar subsídios para uma transformação consistente da sua empresa. Alie-se a parceiros, a negócios complementares e, por que não, aos seus concorrentes, se isso fizer sentido para o crescimento da empresa. Vivemos a era da colaboração, ninguém consegue ir tão longe sozinho.

E você, já decompôs a jornada dos seus consumidores? Esse pode ser o início de uma nova e gloriosa fase nos seus negócios.

CARLOS BUSCH É graduado em Administração de Empresas pela PUCRS, com pós-graduação em Comércio Exterior pela FGV e especializações em Gestão Estratégia na Universidade da Califórnia (Irvine/EUA), Negociação e Gestão de Conflitos em Harvard (Boston/EUA), Gestão Financeira e Mercado de Capitais na New York Institute of Finance (Nova York/EUA), Marketing Digital pela Universidade de Illinois (Illinois/EUA), Conceitos Exponenciais pela Singularity University (Califórnia/EUA), Academia Global de Executivos no MIT (Boston/EUA) e Gestão de Negócios Internacionais pela Universidade de Londres (Londres/Reino Unido). Com mais de vinte anos de experiência em multinacionais no segmento de Tecnologia da Informação, é também palestrante nos temas de inovação em negócios, transformação digital, *customer experience* e atendimento, vendas, liderança e motivação. Atualmente, é mentor de Performance Empresarial, colunista do *MIT Technology Review* e *partner* do Grupo Primo.

A disrupção nunca chega como um grande elefante – ela chega como pequenas formigas, que impactam o todo com o tempo.

@ carlosbusch_
▶ carlosbusch
🌐 www.carlosbusch.com

08

09

VISÃO, AÇÃO E CONEXÃO: O TRIPÉ PARA GRANDES REALIZAÇÕES

© ARQUIVO PESSOAL

César Augusto Potenza

Uma das características comuns aos empreendedores é a capacidade de reconhecer oportunidades. Em 2001, fui apresentado por um amigo ao mercado da construção civil. Até então, eu nunca tinha parado para avaliar esse segmento, mesmo já tendo reformado minha casa e um restaurante que tinha vendido. Percebi que estava diante de uma oportunidade no setor que tem grande representatividade no PIB nacional e muito potencial, principalmente considerando o déficit habitacional do Brasil e a carência em áreas correlatas, como serviços. Naquele momento, decidi empreender em um novo segmento para mim por dois motivos principais: envolvia mão de obra, que sempre tive facilidade de contratar e desenvolver, e relacionamento com fornecedores, outro departamento em que tenho aptidão.

A partir dessa percepção e **visão de mercado**, coloquei-me em movimento e parti para a ação. Aprendi desde pequeno que somente com a prática temos resultados e, assim, mesmo com toda a insegurança e o frio na barriga de um recomeço, abracei a oportunidade e mergulhei em um novo mercado, nesse mar de possibilidades que a construção civil dispõe para aqueles que têm coragem de experimentar.

Apesar de o número de novos negócios ter crescido no Brasil durante 2020 – inclusive como um reflexo da pandemia e dos consequentes desemprego e crise econômica –, muitos desses novos empreendimentos foram abertos por necessidade e não por uma vontade real de empreender, portanto, não carregam dentro de si um espírito empreendedor. E, quando falo de espírito empreendedor, refiro-me à vontade e determinação de não apenas criar empresas, mas de abraçar qualquer empreitada que as pessoas se proponham a realizar em suas vidas. É uma força que faz o empreendedor ultrapassar qualquer obstáculo, dentre eles alguns sentimentos, como medo e procrastinação, que fazem com que as pessoas não saiam do lugar.

O medo é um sentimento importante, alerta para riscos com os quais devemos ter atenção, mas não pode ser paralisante. Ele serve de alerta para você entender que está em um ponto de decisão, entretanto, quando falamos de negócios, tenha certeza de que nunca terá todas as respostas no momento de fazer uma escolha. Portanto, é importante conviver com esse sentimento e colocar a mão na massa com medo mesmo – uma hora ele vai passar.

Já a procrastinação é a ladra de resultados, como uma praga que toma conta e infesta a vida da pessoa. Eu tenho como conceito que quem tem responsabilidade faz. Costumo dizer que quem não tem um filho para criar ou, no mínimo, um passarinho para dar de comer, tem grande chance de procrastinar.

A grande inimiga da procrastinação é a **ação**, que traz resultados surpreendentes. O poder que existe na execução das atividades no dia a dia é extraordinário, mas reside na jornada do fazer. É necessário executar, experimentar, tentar, testar antes de atingir um objetivo, e, acima de tudo, não desistir no primeiro obstáculo. A rotina pode ser uma dor que muitos não aguentam, no entanto, a persistência e constância são essenciais para alcançar os resultados que nem sempre vêm a curto prazo. Muitos desanimam depois do segundo "não" – ainda que o milagre esteja depois do décimo.

Obra é lugar de quem faz.

Essa é uma frase que uso com frequência no meu trabalho, e que se aplica também a outras situações. Por que falo isso? Porque muitos ficam presos ao projeto, aos possíveis erros que podem e vão existir ao longo do processo. Simplesmente não fazem, não arriscam, não estão dispostos a corrigir porque vai dar trabalho. Mas ter medo e procrastinar farão você perder qualquer chance de resultado, bom ou ruim.

Coloque-se em ação!

O mundo de hoje e dos próximos anos é das pessoas que se adaptam rapidamente às mudanças, que têm resiliência e que seguem dia após dia criando maneiras para sua vida e seu negócio prosperarem.

Quando falamos em adaptação, pensamos que é necessário um tempo para ela acontecer mas, nos dias de hoje, isso precisa ser feito quase que diariamente. Precisamos ser flexíveis com nossa agenda, com nosso planejamento e com nossos colaboradores. Não dá mais para achar que aquela reunião da semana não pode ser mudada, que "aquele pilar da sala não pode ser removido", que o planejamento trimestral da empresa não pode ser rasgado depois de trinta dias e recomeçado a partir de um novo cenário. Hoje e nos próximos anos, estar pronto para mudança é a bola da vez. Será que estamos preparados?

Um exemplo prático da rapidez das mudanças é o de que, durante a pandemia, a construção civil explodiu, em especial no ramo residencial. Na minha empresa, o número de contratos firmados subiu mais de 150%, justamente porque as pessoas entenderam a necessidade de estar junto à família, de ter espaços mais adequados para refeições juntos, de ter um espaço determinado para home office, de conviver em uma área de lazer. E, veja só, estar no conforto do seu lar, fazendo uma reunião on-line com a câmera aberta e de fundo ter a sua piscina – para dar aquele mergulho após o trabalho –, antes seria motivo de preconceito do tipo "esse não faz nada da vida". Hoje, tornou-se um estilo de vida almejado.

Ação com atenção às pessoas: receita para resultados extraordinários

O que há de mais importante em uma empresa são as pessoas. Atuando com mão de obra diariamente em quase vinte anos na construção civil, uma área em que o comprometimento e a preocupação com a qualidade são pontos críticos dos profissionais, compreendi a importância de cada ser humano ser tratado com atenção.

Fazer isso é saber quem ele é, de onde vem, onde mora, sua relação conjugal, a quantidade de filhos etc. Quando converso com cada colaborador do meu time, procuro fazer isso pessoalmente, não por telefone ou mensagem. É ouvir e se interessar de verdade.

Nos dias de hoje, o maior valor não está na tecnologia que nos conecta, e sim na atenção que damos a cada ser humano através dela. Pense no seguinte: de quantas lives ou cursos on-line você participou na pandemia? Tenho certeza de que seu número de participações aumentou, e não só por causa da tecnologia, mas também pela possibilidade de conexão e interação com o outro em meio ao isolamento social.

A **conexão** e a atenção com o outro são a essência da vida humana. Isso vale para a longevidade da família, das amizades, e da relação dos

Visão, ação e conexão: o tripé para grandes realizações

colaboradores com a empresa. Essa constatação ficou ainda mais evidente no novo mundo que a pandemia nos trouxe.

Um ponto importante que percebi na minha trajetória até aqui é que a atenção que você dá às pessoas e a forma como interage com elas são potencializadores de resultados. O maior ativo do seu negócio são as pessoas que nele trabalham. Então, tenha conexões verdadeiras com elas, converse olho no olho, mostre a sua visão e compreenda a visão do outro. A vida tem mais valor quando impactamos positivamente outras pessoas.

Aquele que se coloca sempre em movimento colhe resultados. Se eles forem satisfatórios, bingo! E, se não forem, temos a oportunidade de aprender com os erros e corrigir a rota imediatamente. Convido você a experimentar o milagre do processo de fazer. Adote a minha frase para a sua vida e para o seu negócio: obra e lugar de quem faz. Logo, viver é a maior obra que você poderia fazer!

CÉSAR AUGUSTO POTENZA Nasceu em 1975, na cidade de São Paulo, é casado com a Patrícia e pai da Giulianna, do Mateus, do Enzo e da Anna. Formado em Direito e com muita vocação empreendedora desde pequeno, desde 2001 presta serviços na área de construção civil e atualmente ele mesmo é um construtor.

**Obra é lugar
de quem faz!**

09

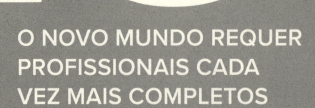

O NOVO MUNDO REQUER PROFISSIONAIS CADA VEZ MAIS COMPLETOS

© EMERSON LUIZ DELFIM NEVES

Cristiano Ferreira

Ao longo da minha carreira como advogado e professor, pude observar diversos profissionais do Direito que nunca deixaram de ser eternas promessas e seguiram infelizes com a falta de sucesso profissional. Grande parte deles é reflexo da mentalidade tradicional das faculdades de Direito que, de fato, não preparam o estudante para advogar, apenas entregam conteúdo técnico de Direito material e processual. Porém, advogar hoje vai muito além e exige novas habilidades. Conhecimentos como marketing, gestão, vendas e comunicação são cada vez mais necessários dentro de uma visão sistêmica do que é a advocacia atualmente.

Ser empresário do Direito, cuidando da jornada e experiência do cliente ao longo de todo o processo, é condição fundamental para uma advocacia de resultado no momento em que vivemos. Por isso, criei o método Advogado 10X, que trabalha exatamente esses pontos, atacando a visão tradicional do Direito e deixando claro que o caminho é desenvolver novas habilidades. Mais do que isso, é ter uma visão empresarial da advocacia como um negócio em si, que deve ser gerido e administrado como tal – ou seja, uma empresa que deve ter uma cultura interna focada em qualidade do atendimento, gestão, lucro e marketing como vetor de crescimento e atração de clientes.

==Todo advogado deve ser um vendedor "fechador" de contratos!==
Apesar de falar com conhecimento sobre a minha área específica de atuação, arrisco dizer que esses conselhos valem para qualquer profissional liberal.

Os adultos sabem que os boletos chegam e, com eles, também as dores de cabeça de se preocupar se o seu trabalho traz ou não lucro e condições mínimas de vida para você e para a sua família. Viver assim é muito ruim, já passei por isso e sei bem como é!

Por outro lado, se você administra seu escritório como uma empresa, utiliza a tecnologia para acelerar o seu crescimento, sabe usar as redes sociais e o Google Ads na atração de clientes, sabe cobrar e fechar um bom contrato, enfim, valoriza o seu trabalho e é um advogado que entrega ao seu cliente muito além daquilo que foi contratado, você vive de forma mais tranquila, os boletos não o afligem e ganha qualidade de vida e segurança para a sua família.

Entender que o escritório é e deve ser gerido como uma empresa e desenvolver novas habilidades além das que a faculdade oferece são os caminhos para o sucesso.

Quando estava na faculdade, em meados dos anos 1990, sempre ouvi dizer que advogado não poderia fazer marketing, não deveria se preocupar com gestão e/ou técnicas de vendas. Dominar o Direito material seria suficiente. Vivi isso como aluno e também vivenciei essa fala na condição de professor.

Todas as vezes que eu falava em sala de aula que meus alunos deveriam desenvolver novas habilidades como liderança, comunicação e network, aparecia outro professor e pedia que eu parasse de falar bobagens. Mas tudo aquilo que eu falava em sala de aula aplicava na minha advocacia, que teve um crescimento exponencial ao longo dos anos. Sem dúvida, combater o mindset fixo e tradicional imposto na faculdade de Direito tornou-se minha obrigação. Queria mostrar que existem outros caminhos além da fala tradicional da "advocacia saturada".

Empreender é e sempre será o caminho do advogado que busca o sucesso.

Os advogados que terão prosperidade a partir de agora serão aqueles que investem no contínuo desenvolvimento pessoal. Basta aprimorar novas habilidades constantemente, simples assim. Não tenho dúvida de que o desenvolvimento pessoal de forma constante, melhorando, no mínimo, 1% a cada dia, aprendendo novas habilidades como marketing, vendas e gestão, será o caminho para qualquer advogado de agora em diante.

Pense na jornada e na experiência do cliente dentro do seu negócio, a advocacia. Claro, não deixe de se atualizar no Direito propriamente dito, mas some estas novas habilidades de visão empresarial ao conhecimento técnico que a faculdade o ensinou. São elas que vão possibilitar o seu crescimento exponencial e o transformarão em um advogado muito além do mero "pagador de boletos".

Concorrência mais acirrada pede diferenciais

Cristiano Ferreira

Aprender a atrair novos clientes constantemente é essencial para a longevidade de um negócio. O jogo mudou diante das novas regras de publicidade da Ordem dos Advogados do Brasil (OAB) publicadas em 2021. Se antes a disputa já era acirrada, a partir de agora será bem mais. A internet acelerou esse processo, portanto saiba usar as redes sociais para se posicionar e construir a sua marca pessoal e a sua autoridade, que se converterão em clientes e contratos.

Existem muitos clientes precisando e pesquisando on-line por advogados. Saiba como aparecer e ser encontrado por eles. Para isso, faça uma gestão de tráfego do seu perfil tanto pelo Facebook quanto pelo Google Ads – e, caso você não saiba como mexer nessas ferramentas, não se preocupe: a internet conta com vários cursos sobre o tema.

Para uma visão de gestão da advocacia como um negócio, estude tudo o que puder sobre jornada do cliente, Custo de Aquisição de Clientes (CAC), *Lifetime Value* (LTV), separe o caixa da advocacia do seu caixa pessoal, busque assinar mais contratos com o mesmo cliente, crie uma cultura empresarial, tenha fluxos internos bem definidos e desenvolva um sistema de gestão de relacionamento com seus clientes (CRM).

Saiba fechar contratos, cobrar e gerar autoridade antes de cada atendimento. Saiba que vender é uma técnica e que pode ser aprendida. Você precisa dar valor ao seu trabalho. Sempre que você cobra um valor correto, ganha seus bons honorários que irão manter a sua qualidade de vida, e seu cliente também ganha pagando o valor justo por um bom serviço.

Um advogado não deve trabalhar de graça ou cobrar barato. Para vender, recomendo que leia todos os livros que possa sobre o tema, estude sobre persuasão e gatilhos mentais. No Advogado 10X, trabalhamos muito essas habilidades, sempre focados na visão empresarial que a advocacia deve ter. Chega do tradicional romantismo da advocacia.

Quando eu ainda não pensava assim, gastava muito mais tempo pensando no terno que comprava parcelado do que na minha empresa e na cultura empresarial que eu gostaria de implementar. Eu tinha diversas dificuldades financeiras para suprir o básico. Quando decidi cuidar da minha advocacia como empresa que exigia gestão, marketing e vendas, cresci e deixei essa fase ruim para trás. Virei especialista em Google Ads para advogados e, com o método que criei, tenho mais de 10 mil alunos e mais de 250 escritórios de advocacia como clientes na minha empresa de assessoria de marketing para advogados.

Existem diversas oportunidades na advocacia além de ficar atrás da mesa esperando o cliente chegar. Existe um oceano azul de oportunidades! Se você ainda está atrás de uma mesa esperando o cliente tocar a campainha do seu escritório, lamento informar que a falência está a caminho. Como Bill Gates diz, se o seu negócio não está na internet, você não tem um negócio.[1] Eu afirmo: se a sua advocacia não está na internet, você não tem uma advocacia. Essa foi a minha virada e desejo que também seja a sua, colega advogado(a), de agora em diante.

Seja protagonista da sua vida, isso só depende de você! Faça acontecer, não fique sentado esperando as coisas melhorarem, pois isso não ocorrerá se você não tomar uma atitude. Seja você o vetor de crescimento e de melhoria da sua qualidade de vida e da de sua família.

Aprimore novas habilidades com urgência, invista no seu desenvolvimento pessoal, seja seletivo com as pessoas que coloca ao seu lado, afaste-se de pessoas pessimistas, tenha atenção a tudo o que consome e evite excesso de notícias ruins diariamente, pois tudo isso impacta o seu psicológico. Tenha mentores, faça bons cursos, leia bons livros, assista bons vídeos, ouça podcasts ao se exercitar ou ao fazer tarefas domésticas, ou seja, invista todo o seu tempo no seu desenvolvimento. Faça um pacto consigo e lá na frente me diga se esse caminho não foi a sua melhor opção. Foque você e decida ter os melhores anos de sua vida de agora em diante. Estamos combinados?

---

[1] QUE tipo de empresa é a sua? **Blog CEAPE**. Disponível em: http://www.ceapebrasil.org.br/blog/index.php/2020/05/21/que-tipo-de-empresa-e-a-sua/. Acesso em: 20 dez. 2021.

CRISTIANO FERREIRA É advogado há vinte e seis anos, professor de Direito e criador do método Advogado 10X, que já conta com mais de 10 mil alunos.

Empreender é e sempre será o caminho do advogado que busca o sucesso.

O QUE POSTAR PARA TRANSFORMAR SUAS REDES SOCIAIS EM CANAIS DE VENDAS

Dani Almeida

11

Desde criança, me incomodava o fato de as pessoas não terem voz, não serem ouvidas de alguma forma, por isso eu fui parar no jornalismo. Trabalhando com comunicação, cansei de ver negócios e talentos desperdiçados ou desconhecidos simplesmente porque não tinham a mesma verba de grandes empresas para investir e aparecer na mídia tradicional. Sim, era uma delícia atender marcas reconhecidas no mercado, com produtos e serviços que impactavam a sociedade. Mas não, isso não tirava a minha frustração em ver empresas menores e profissionais — muitas vezes mais qualificados — passarem despercebidos pelo grande público. E, então, no meio do caminho, surgiu a internet.

Se antes as empresas precisavam desembolsar milhões para propagar suas marcas e se tornar (re)conhecidas, agora basta uma página ou perfil e — claro! — conteúdo de valor para chegar a milhares de pessoas. Eu me apaixonei. Mas nem todo mundo se sentiu assim. Segundo o estudo *Digital Marketing Readiness*, feito pela McKinsey em parceria com Associação Brasileira de Anunciantes (ABA), 80% das empresas brasileiras não conseguem aproveitar os benefícios da presença digital.[1] Isso num país onde a maioria das empresas não dura dez anos e, a cada cinco empresas, uma fecha após um ano de vida, de acordo com dados do IBGE.[2]

Foi o medo de virar estatística que fez o Seu Nelson, como ficou conhecido o dono de uma loja de jardinagem que existia há cinquenta anos, concordar em aparecer nas redes sociais com uma plaquinha

---

[1] MARTINS, H.; TRIPOLI, M.; GALVÃO, L. O estado do Marketing Digital no Brasil: 14 alavancas para atingir a maturidade. **McKinsey & Company**, 1 fev. 2019. Disponível em: https://www.mckinsey.com/br/our-insights/o-estado-do-marketing-digital-no-brasil-14-alavancas-para-atingir-a-maturidade?cid=soc-web. Acesso em: 15 dez. 2021.

[2] SARAIVA, A. Maioria das empresas no país não dura 10 anos, e 1 de 5 fecha após 1 ano. **Valor Econômico**, 22 out. 2020. Disponível em: https://valor.globo.com/brasil/noticia/2020/10/22/maioria-das-empresas-no-pais-nao-dura-10-anos-e-1-de-5-fecha-apos-1-ano.ghtml. Acesso em: 15 dez. 2021.

"Me ajude a sair da falência". Durante a pandemia, ele ficou setenta dias sem poder abrir a Jardins Modelo. Rapidamente as pessoas se mobilizaram e assim nasceu o perfil da sua loja no Instagram. Com o perfil, nasceu também um movimento lindo de pessoas indo até a loja para comprar seus produtos. Enquanto seu Nelson viralizava, a fila de pessoas na sua porta só aumentava.

Foram a comunicação e as redes sociais que também salvaram meu negócio por anos. Quando me tornei mãe, saí do jornalismo e me aventurei no varejo, mas as vendas só passaram a acontecer quando me joguei no digital. Os resultados chamaram a atenção de outros empreendedores no bairro, que pediram a minha ajuda. E assim voltei para minha paixão, a comunicação. Mas o Seu Nelson, eu e os empreendedores do bairro somos só alguns exemplos entre tantos outros. Há muitas pessoas por aí com talentos incríveis, conteúdos incríveis, serviços incríveis e produtos incríveis. Mas elas são invisíveis aos olhos do mundo pela simples razão de não estarem no ambiente on-line.

Todos os dias, empreendedores deixam de realizar seus sonhos e empresas não conseguem alcançar o sucesso. Perdem vendas, deixam de ser conhecidos e "ouvidos". Mas eu entendo os motivos de quem ainda não usa todo o potencial do digital. Senti na pele a dor de não ver ninguém entrar no meu negócio porque ainda não era conhecida no bairro e, mesmo tendo trabalhado anos com comunicação, não saber muito bem como usar as redes sociais para o empreendimento.

Senti na pele o medo de *o que os outros vão pensar?!* Não era fácil aparecer em fotos, mesmo cansada e mal conseguindo cuidar da aparência. Conheço a exaustão de cuidar desde os fornecedores até limpar e servir o cafezinho, se necessário. Ganhei uma gastrite e uma úlcera estomacal porque deixava de almoçar para escrever uma postagem que trouxesse clientes. Sei como é difícil ver seus concorrentes com talentos e resultados muitas vezes menores do que os seus "bombando" nas redes. Conheço a sensação de rolar o *feed* procurando ideias para fazer um conteúdo mágico que ajude a vender ou a ganhar autoridade.

Sabe por que você se sente assim? Porque não tem ideia dos resultados que o on-line pode gerar, por isso você não o prioriza. Sabe por que o digital parece um bicho de sete cabeças? Porque as pessoas acham que, como as redes sociais são gratuitas, não precisam aprender a usá-las. Mas a verdade é: existe um jogo por trás do jogo. Existe o que funciona e o que não funciona nas redes sociais.

E elas não são gratuitas, você paga com o seu tempo e a sua atenção. É por você e tantas outras pessoas estarem lá que as empresas lucram com anúncios, assim como na mídia tradicional. Para o manter navegando dentro das redes, fazem você acreditar que, para um negócio aparecer, é o jogo das curtidas e comentários que conta. Mas não é. Curtidas e comentários ajudam, mas nem sempre o fazem vender.

Assim, as pessoas entram na rodinha do hamster. Elas ficam "girando" o dia inteiro, criando conteúdo que até agrada, mas que nem sempre traz o público certo, não gera autoridade, não posiciona seu negócio como referência, muito menos gera desejo de consumo para o seu produto ou serviço. Elas acham que é só postar e nem precisam aparecer para vender. Acabam se escondendo atrás de postagens. Pudera! Mesmo eu, que sou jornalista e tinha trabalhado mais de uma década com comunicação, demorei anos até aprender as estratégias certas de comunicação nas redes sociais quando resolvi empreender.

A faculdade e o mercado de trabalho não me ensinaram a gerar conteúdo estratégico para as redes sociais. Então, por que você acredita que é sua obrigação saber que tipo de conteúdo gerar para encontrar seu público-alvo e transformá-lo em cliente? Por que você acha que deveria dominar as redes sociais sem ter investido em conhecimento sobre como funciona o on-line e quais os melhores caminhos para vender com o conteúdo estratégico?

No fundo, aprender o jogo das redes sociais é entender sobre pessoas. Desde 2016, eu repito para os meus clientes e alunos uma frase bem parecida com o título deste livro: **Pessoas se conectam com pessoas**.

Isso ficou claro para mim no dia em que a minha mãe pegou o celular, abriu o Instagram e esbravejou: "que saco essas lojas me seguindo, eu não quero seguir lojas!". Pense comigo, duvido que você tenha criado seu perfil no Facebook ou no Instagram para seguir uma marca. Grandes chances de que você tenha entrado nas redes sociais com objetivo de falar com aquele amigo de escola que não via há anos ou para conversar com a família e dividir seu dia a dia com ela. Empresas gigantes sabem disso. Por isso, elas têm buscado cada vez mais humanizar a sua comunicação, a ponto de criarem influenciadores digitais virtuais. Sim, porque mostrar clientes, funcionários e os bastidores não é mais suficiente.

Já pensou por que você vai sempre naquele restaurante, loja, salão ou mecânico no seu bairro? Possivelmente porque gosta do atendimento de alguém naquele lugar. Negócios são feitos por pessoas. Uma pessoa por trás de um negócio gera confiança. E confiança gera… vendas! O on-line é uma ferramenta poderosa para gerar essa conexão e colocar seu talento no mundo. Mas é preciso entender a dinâmica das redes sociais para chegar ao conteúdo certo, aquele que o fará faturar a partir do digital. E, claro, ser parte da imagem do seu negócio. Afinal, as redes não se chamam "sociais" à toa.

Passo a passo para faturar nas redes sociais

A jornada para usar as redes sociais, tornar seu negócio (re)conhecido e faturar no on-line é composta pelos passos que apresentarei a seguir.

O primeiro, e o mais importante, é **trabalhar a sua mente**. Toda vez que ensaiamos sair da nossa zona de conforto, nosso cérebro nos sabota. Ele não é sacana, só quer nos proteger do desconhecido. Então, se você não tiver a mentalidade fortalecida, será vencido por crenças como "é feio aparecer", "só quem tem grana ou sorte consegue", entre outras. Você não precisa passar uma imagem perfeita. Abraçar suas dificuldades e reconhecer para sua audiência, por exemplo, que está superando o receio de aparecer ao gravar um vídeo é abraçar sua vulnerabilidade. É isso que gera conexão. Porque a perfeição até inspira, mas uma hora enjoa e desconecta. Quem consegue ser perfeito o tempo todo? Esse é o caminho para encontrar sua voz e ter autenticidade, em vez de ser só mais uma cópia nas redes sociais.

Os dados são importantes, mas ser você e esquecer um pouco os temidos números de curtidas e comentários traz audiência qualificada. Foque os números e perca as pessoas. **Foque as pessoas**, que os números aparecerão!

O próximo passo é o seu **posicionamento**. Ele passa pela clareza de como você vai rentabilizar por meio do conteúdo certo nas suas redes. Nessa parte, você deve estar se perguntando: "Mas não é óbvio que vou vender meus produtos e serviços?". Não necessariamente. Seu conteúdo precisa priorizar os serviços e produtos que mais dão lucro e/ou que reforçam seu posicionamento de mercado. Com isso no papel, é o momento de definir seu cliente ideal, aquele que precisa do seu produto e que pode pagar por ele. Assim, você determina seu **público-alvo**. Hoje, é possível fazer pesquisas para desenhar o público sem gastar um centavo, com ferramentas gratuitas e as estratégias certas.

Após trabalhar a sua mentalidade, focar as pessoas e definir o seu posicionamento, é preciso construir a melhor **zona de engajamento** para o seu negócio. Algumas perguntas ajudam: Onde está seu público-alvo, no Facebook, Instagram, YouTube, LinkedIn, TikTok? Lembre-se: Instagram sozinho não faz verão. A combinação poderosa dessa ferramenta com pelo menos uma segunda rede social o ajudará a impactar seus potenciais clientes por diferentes canais, em diferentes formatos de conteúdo.

Para fechar com chave de ouro, é preciso **trazer a sua audiência para uma lista**, que pode ser de e-mail, um canal no Telegram (ótimo para construir audiência) ou listas de transmissão no WhatsApp (uma das melhores plataformas para converter vendas). Assim, você constrói um tripé, com duas redes sociais e uma lista. Isso posto, você está pronto para definir seu **plano de conteúdo**. Assim, consegue gerar conteúdo de meses em dias, agendar e parar de sofrer quando não conseguir fazer a postagem diária.

O último passo é **aparecer e construir uma comunidade de fãs** para o seu negócio. Explico melhor: a parte mais primitiva da nossa mente, o cérebro reptiliano, está programada para que andemos em bando. Daí vem o poder das torcidas de times de futebol, por exemplo. O gatilho do pertencimento é uma das bases das redes sociais. Quanto mais você aparecer, quanto mais presente for a imagem do seu negócio, quanto mais falar sobre coisas em que acredita, mais as pessoas vão se conectar com você, mais vão se sentir parte da sua tribo. É assim que você conquista mais do que clientes, fãs para o seu negócio.

Até hoje eu tenho uma certa vergonha de tirar fotos. Só aceitei que precisava aparecer nas postagens do meu negócio depois que uma foto minha vestindo um dos itens que eu comercializava vendeu mais de trinta peças da roupa, em vez das três peças que geralmente vendíamos mostrando o produto no chão. Estou longe de parecer com a Gisele Bündchen e a última vez que vesti manequim 36 eu devia estar na adolescência. Mas percebi o poder da conexão nesse dia. Mesmo saindo do varejo e voltando para a comunicação, até hoje, quando eu posto uma foto minha com alguma reflexão, a venda é consequência do conteúdo.

Definitivamente, seu perfil não deve e não pode ser um simples panfleto ou catálogo de vendas.

Os brasileiros passam mais de nove horas por dia conectados, sendo 90% do tempo no celular; 93% dos processos de compra começam com uma busca on-line; 74% dos consumidores se orientam por meio de suas redes sociais para realizar uma compra; 56% dos entrevistados em um estudo afirmaram conhecer novas marcas pelas redes.[3] Mas, para mim, o dado mais impressionante não veio de pesquisas, e sim de um especialista em e-commerce: enquanto a conversão média em vendas de um site é de apenas 2%, a conversão em vendas de um influenciador (você sendo a imagem do seu negócio) pode chegar a até 80%.

Lembra-se do que contei no início? Quando eu era criança, escolhi o jornalismo para dar voz às pessoas. Há poucos anos, tatuei algumas estrelas para me lembrar de que mais importante que brilhar é ajudar os outros a brilharem. Essa é a minha missão de vida.

Nessa caminhada de ajudar negócios e empreendedores a serem (re)conhecidos no on-line, já presenciei contadora dobrar o seu faturamento; *social media* lotar sua agenda em um mês, passando de uma renda de 2 mil reais mensais para 9 mil reais; podóloga que tirava 2 mil reais mensais bater até 50 mil reais de faturamento no mês; e dona de loja de roupas fazer até 32 mil reais em apenas uma live.

O on-line é um caminho sem volta. Não é o único caminho, o off-line continua tendo um papel importante. Mas, cada dia mais, quem não tem presença digital é quase como se não existisse. Acabou a era do diploma na parede, em que você sabia se um profissional era bom de acordo com a sua formação. Acabou a era em que bastava distribuir um panfleto para vender seu produto ou serviço. É como diz ditado: "A mulher de César não basta ser honesta, precisa parecer honesta". Não basta dizer para o seu cliente o quanto você, seu produto ou serviço são bons. Essa é a era do ver para crer.

---

[3] NAVARRO, V. Influenciadores são importantes na decisão de compra. **Meio & Mensagem**, 1 abr. 2019. Disponível em: https://www.meioemensagem.com.br/home/midia/2019/04/01/influenciadores-ganham-importancia-na-decisao-de-compra.html. Acesso em: 15 dez. 2021.

DANI ALMEIDA É jornalista com mais de quinze anos de experiência em Comunicação. Começou a carreira em agências de comunicação, colocando multinacionais e seus executivos em destaque na mídia tradicional. Depois, atuou como editora e repórter em grandes empresas como Editora Abril, Editora Globo, IG, entre outras, desenvolvendo conteúdo customizado e cobrindo assuntos como política, economia e negócios. Já mentoreou e prestou consultoria para mais de uma centena de marcas. É fundadora da Rugido Digital, agência que faz a gestão de conteúdo on-line para empresas e empreendedores. Atualmente, tem milhares de alunos em cursos on-line sobre comunicação e marketing digital, além de assinar uma coluna mensal sobre o tema na Revista *Você S/A*.

Definitivamente, seu perfil não deve e não pode ser um simples panfleto ou catálogo de vendas.

11

@ danialmeida

DESMISTIFIQUE O PROCESSO DE VENDAS E ATINJA TODO O SEU POTENCIAL

© GUSTAVO HENRIQUE SILVA DE MORAES

Danielle Martins

Uma das principais habilidades necessárias para se obter sucesso nos negócios e na vida é a habilidade de saber vender. Não apenas produtos e serviços, mas saber vender quem você é, suas competências, ideias e convicções.

Durante minha trajetória de mais de quinze anos trabalhando com vendas e quase dez anos treinando, palestrando e mentoreando centenas de vendedores, as perguntas que mais ouço são:

- O que fazer para ter mais foco?
- O que fazer para não procrastinar e ter disciplina para fazer o que precisa ser feito?
- Como ter motivação todos os dias para prospectar, fazer *follow-up*, agendar reuniões e ainda atender as demandas dos clientes da carteira?
- Qual a maneira mais assertiva de conscientizar o cliente do porquê de ele precisar do que eu vendo?
- Como desenhar uma meta e um plano estratégico para alcançar os melhores resultados em vendas e como se manter emocionalmente forte diante de uma negociação ou de uma sequência de negociações que não deram certo?

Se você, caro(a) leitor(a), trabalha com vendas e já se viu diante de questionamentos como esses, ou se tem uma equipe de vendas e, de maneira recorrente, ouve de seus vendedores perguntas assim, este capítulo é para você.

Problemas como falta de foco, indisciplina, procrastinação, falta de clareza e baixa inteligência emocional são, sem dúvida, as principais razões para o fracasso em vendas. As metas não são alcançadas, o resultado financeiro despenca e boas oportunidades profissionais são desperdiçadas, trazendo como consequência sentimentos como incapacidade, insegurança, ansiedade, angústia e desmotivação. Você começa a confundir o seu resultado com quem você é. Sua identidade fica condicionada aos seus números e você passa a acreditar que só é bom quando seus resultados são bons, que só é capaz quando os seus resultados são incríveis, e isso leva a uma inconstância emocional que afeta não somente você, mas sua família, seus relacionamentos e suas próximas vendas!

Alguns fatores fazem com que muitos vendedores permaneçam nesse estado de baixa performance profissional e emocional. Na minha visão, são, basicamente, três motivos:

1. A falta de um PORQUÊ ou de um POR QUEM muito forte, que o motive a dar o seu máximo;
2. A comodidade da zona de conforto. Você sabe que está em um vale medíocre e infrutífero, mas esse incômodo não chega a ser uma dor suficiente para o impulsionar a uma decisão de mudança;
3. Falta de conhecimento e processo de vendas falho. Um vendedor que não estuda para alcançar a maestria em vendas estará fadado a resultados medianos ou que dependam de esforços muito grandes para ter algum destaque.

E o que eu pergunto para os meus mentorados é o mesmo que pergunto para você: até quando vai viver a vida desperdiçando seu potencial? Até quando vai deixar escondida embaixo do tapete a sua capacidade de levar uma vida realmente extraordinária e de se tornar motivo de orgulho, admiração e inspiração para as pessoas que ama e para as muitas outras que passarem pelo seu caminho?

Os verdadeiros campeões em vendas não são pessoas com habilidades raras, não são gênios ou pessoas mais evoluídas e invencíveis. Os que de fato prosperam em vendas e deixam sua marca por onde passam são os que não se conformam com a mediocridade. Eles querem ser melhores todos os dias, buscam conhecimento e aperfeiçoamento pessoal e profissional, são humildes para reconhecer suas falhas, corrigem seus erros, têm espírito de aprendiz e princípios e valores inegociáveis. Eles entendem que o resultado excepcional está diretamente associado a quem se tornam ao longo da jornada, e que quedas e fracassos fazem parte do caminho. A diferença é que, depois da queda, escolhem não ficar no chão, levantam-se, tiram os aprendizados da situação e seguem em frente. Entendem que ser campeão da vida não é estar no primeiro lugar de um ranking, mas cumprir o que disseram que fariam e atingir o topo no que se propuseram.

E você pode me perguntar: "Ok, Dani, então me diz... Como sair da mediocridade dos resultados em vendas e se tornar um verdadeiro campeão?". Eu poderia dizer: prospecte mais, encha mais o seu funil de vendas, acorde mais cedo, durma mais tarde, trabalhe muitas horas por dia e seu resultado aumentará. Isso não está de todo errado. Mas quanto tempo você suporta esse ritmo? Do quê e de quem vai precisar abrir mão para se manter nesse nível de resultado?

Posso dizer com toda convicção que o aumento de produtividade não significa aumento de assertividade. Às vezes, para ter um resultado consideravelmente maior basta errar menos. Mas como errar menos se você nem sabe ao certo onde está errando? Vender é uma ciência e, se você quiser ficar bom nisso, precisa estudar.

Como ser top de vendas

A seguir, apresento o passo a passo de uma estrutura de estudo que o colocará em outro patamar. Essas são as bases da minha mentoria Formando Campeões, e não é à toa que ela tem transformado a vida e o resultado de centenas de vendedores.

1. Comece estudando a si próprio e suas crenças fundamentais. Acredite, elas têm mais influência sobre seu resultado de vendas do que você pode imaginar. Quais são suas crenças de identidade, capacidade e merecimento? Elas foram constituídas desde o ventre de sua mãe até os seus 12 anos por tudo aquilo que você viu, ouviu e sentiu, em especial no que se relaciona às pessoas que cuidavam de você. O que eles disseram que você era, provavelmente, é o que até hoje você acredita ser;

2. Depois de entender a profundidade disso, estude o seu perfil comportamental, identifique se você tem talento e habilidades preponderantes para vendas e quais são as tendências de comportamento do seu perfil nas mais variadas situações. Isso dará clareza para saber exatamente quais são seus pontos fortes, para fortalecê-los ainda mais, e quais os pontos de atenção, para melhorias;

3. Em seguida, estude sobre neurovendas. Entenda como o processo de compra funciona no cérebro do cliente, quais códigos reptilianos seu produto aciona, e como você pode ser mais assertivo na comunicação com o cliente baseando-se também no perfil comportamental dele;

4. O próximo passo é estudar sobre o processo de vendas. Quais são as etapas do seu processo de vendas e como melhorar em cada uma delas? Estude sobre *SPIN Selling* e aprenda a se tornar um mestre em fazer perguntas inteligentes. O que conscientiza um cliente a comprar o que você vende não são as afirmações sobre o produto e suas vantagens, mas perguntas sobre as reais necessidades do cliente e quais as lacunas que ele tem que o seu produto ou serviço pode resolver;
5. Por fim, invista em networking. Entenda onde estão seus melhores clientes potenciais e se torne referência no que faz. Cuide de sua carteira de clientes da melhor maneira possível e faça com que eles virem seus fãs. Esse é o mais alto grau de assertividade em vendas.

Você pode estar pensando: *mas até que ponto ela realmente fez o que está dizendo para eu fazer? Se fez, qual foi o resultado?*

Vou contar a minha história. Já fazia cinco anos que eu atuava na área de vendas de seguro de vida pela Prudential, uma das maiores e mais respeitadas seguradoras do mundo. Nesses cinco anos consecutivos, me classifiquei entre os melhores vendedores do Brasil e, em três deles, entre os melhores do mundo. Eu competia anualmente com mais de 1,5 mil vendedores e fiquei por diversas vezes entre os Top 10 e Top 20.

Desde os meus 19 anos, eu estudo sobre perfil comportamental. Aos 25, iniciei estudos sobre técnicas de vendas e *SPIN Selling*, mas foi após o nascimento da minha filha, Julia, aos meus 33 anos, e no meu sexto ano de atuação com vendas de seguro, que decidi me aprofundar em autoconhecimento, crenças fundamentais, neurovendas e inteligência emocional voltada para a área.

Depois de mergulhar nisso, no ano em que voltei de licença maternidade, me classifiquei em quinto lugar entre os melhores vendedores do Brasil e, no ano seguinte, me tornei a campeã de vendas da Prudential do Brasil. Atingi o recorde de pontos dos últimos vinte e dois anos da história da empresa no Brasil, tendo a minha foto por quatro dias passando no topo da Times Square, em Nova York.

DANIELLE MARTINS Tem uma trajetória de mais de quinze anos de altíssima performance em vendas. Já recebeu diversos prêmios nacionais e internacionais como reconhecimento de seus excelentes resultados. Competindo com outros 1,5 mil vendedores de uma das maiores seguradoras do mundo, é atualmente a campeã de vendas, batendo o recorde de pontos na história da empresa no Brasil. Com 35 anos, ela é casada com o Daniel e mãe da Julia, de 3 anos.

Não foi nada fácil alcançar esse resultado. Não apenas por estar competindo com 1,5 mil grandes vendedores, mas porque foi durante o ano de início da pandemia, em que precisei reestruturar completamente minha forma de vender e, mais do que isso, foi o ano da maior perda da minha vida. Perdi a minha mãe, que faleceu de infarto aos 62 anos. Em vários momentos, tive de decidir se seguiria com meu sonho de ser campeã ou se desistiria dele.

> **Entenda onde estão seus melhores clientes potenciais e se torne referência no que faz. Cuide de sua carteira de clientes da melhor maneira possível e faça com que eles virem seus fãs.**

Mas minha mãe e meu pai me ensinaram duas coisas muito importantes. Primeiro, que eu poderia ser o que quisesse, se decidisse ser campeã, com dedicação, estudo e foco, eu seria. Segundo, que Deus estaria do meu lado e que eu poderia contar com Ele quando minhas forças fracassassem. Quando perdi minha mãe, Ele me carregou no colo e me deu as forças que me faltavam para continuar.

Ser campeã e cravar minha bandeira na história está fazendo da minha vida um legado e uma inspiração para milhares de pessoas que querem se tornar campeãs de suas vidas. Por isso, eu decidi formar outros vitoriosos, estender a mão e ajudar outros a também chegar ao topo. Construí a mentoria "Formando Campeões", que ensina de forma profunda tudo o que me fez chegar ao topo em vendas.

Então, eu pergunto a você: Qual legado você quer deixar no mundo? Qual história você quer que seus filhos contem sobre você? Você pode decidir hoje ser o verdadeiro campeão da sua vida sem negligenciar o que mais importa: Deus, a família e a saúde – os verdadeiros vitoriosos levantam essa bandeira porque entendem que, no final das contas, o que mais importa é quem temos ao nosso lado, o exemplo que deixamos e as vidas que nossa história pode transformar.

Se você cair, levante-se, e se estiver doendo, continue. Não pare! Decida vencer. VALE A PENA VENCER!

@ danimartinspro

COMO ENCONTRAR SUA FORÇA PARA UMA EXISTÊNCIA PLENA

© FERNANDA DIVARDIM

Dawn Watson

Uma árvore só cresce se tiver raízes. Da mesma forma, nós só crescemos como pessoas a partir da nossa história e experiências de vida, inclusive as dolorosas. As vivências formam nossas raízes e é a partir dessa base que vamos construir um caminho sólido e consistente. Meu objetivo é ajudar você a reconhecer e a aceitar a sua história, mesmo que a considere feia, vergonhosa e pesada. É fazer você entender que uma fase ruim ou o sofrimento trazido por um acontecimento doloroso não duram para sempre. Você não precisa passar a vida tentando consertar, esconder ou punir quem ou o que o feriu. Fazer isso é viver a sua vida para os outros e não em prol da sua própria existência.

Sabemos que a vida não é feita só de vitórias. Nem toda estação é verão. Mas não entender a estação em que você está se reflete em um constante estado de sofrimento. O sofrimento é consequência da resistência. E a resistência vem da negação. É necessário aceitar o fluxo dos acontecimentos e da vida.

A mudança das estações em nossas vidas tem uma inteligência incrível projetada para nos fazer crescer e evoluir. Ela está diretamente conectada ao nosso propósito. Quando vemos o inverno como um castigo, a dor e os períodos de lentidão como fraquezas, perdemos a oportunidade de descobrir os tesouros escondidos nesses momentos que são essenciais para toda a jornada. Se você ignorar uma temporada e o que ela tem a lhe ensinar, ela se prolongará e se tornará uma visitante constante, exigindo ser vista e ouvida.

A dor de não entender as estações do ano pode criar sofrimento não apenas em sua vida pessoal, mas também na profissional. Como tentar plantar quando o terreno não está pronto e colher na hora de semear. As consequências de não ouvir e estar desalinhado com sua temporada são desistir de tudo e perder a esperança.

Existem duas coisas que nos tiram a graça da vida: a falta de fé e a invisibilidade. Quando você perde a fé no processo e começa a acreditar que a vida não está acontecendo do jeito que acha que deveria ou como os outros disseram que estaria, você fica convencido de que é o problema, de que tem uma peça quebrada no seu motor, e não importa o que você faça para consertar, ela está comprometida, não tem solução, você está fora da corrida. E quando você perde a esperança em você, perde TUDO! E, junto com essa perda vem a invisibilidade. Todos nós temos um desejo profundo de sermos vistos como realmente somos. Mas enquanto estivermos distantes disso, da nossa essência, acabamos compartilhando apenas as coisas que temos, que conquistamos. Isso gera conexões baseadas no que temos a oferecer e não no valor de QUEM SOMOS. Nosso ego se alimenta do reconhecimento, porém nossas almas estão famintas para serem vistas.

O motivo de ficarmos paralisados em nossa dor é porque temos vergonha dela. Se você quer ser visto, é preciso ter coragem para deixar as pessoas entrarem. Se você quer crescer, precisa ver em cada estação, em cada fase da vida, uma oportunidade e, em cada ferida, uma cicatriz que carrega uma história incrível que pode servir à evolução da humanidade.

Perdemos a esperança em nós mesmos porque continuamos acreditando que a vida é uma corrida e que os motores mais rápidos e fortes vencem. Medimos nosso valor pelo tamanho do nosso showroom de bens em vez do tamanho de nossa alma. Não podemos fazer as mudanças de que precisamos porque gastamos muito tempo e energia estudando o livro de outra pessoa sobre o que devemos ou não devemos fazer, em vez de usar esse tempo lendo o nosso próprio manual.

Em vez de se esforçar tanto para criar e entregar valor às outras pessoas, trabalhe para se tornar uma pessoa de valor.

Quando você se torna valioso para a humanidade, não se trata do que você pode oferecer, mas de quem você é. E as pessoas pagarão para estar perto de você, para aprender com você, porque é na sua presença que está o seu maior tesouro. É como você faz as pessoas se sentirem. É a sua coragem e vulnerabilidade. É a sua disciplina, compaixão e amor que fazem com que os outros queiram ser o melhor que podem ser também. A sua vida é a sua mensagem, a sua presença é o seu trabalho e o seu maior valor!

Portanto, se você está se perguntando *como posso começar a fazer as mudanças de que preciso para viver uma vida com menos resistência e me tornar uma pessoa de valor?*, preste muita atenção. Existem alguns passos que deve seguir e alguns que precisa evitar para melhor compreender, curar e mudar. Para que o crescimento aconteça, você deve fazer as pazes com o solo que abriga suas raízes, honrando cada experiência que o moldou. Deixe de lado a necessidade de provar qualquer coisa e, em vez disso, volte-se ao que realmente importa. Para se tornar uma pessoa de valor, você deve primeiro compreender o valor da sua história.

Para isso, proponho o seguinte exercício:

- Escreva três momento pelos quais você tem muito orgulho de ter passado e que o fizeram se tornar mais forte e mais sábio.
- Em seguida, escreva três de que você tem vergonha, partes feias de sua história e da sua personalidade, fatos que talvez não tenha compartilhado com ninguém.

Quero que você entenda que esses seis itens são as suas raízes, a base sobre a qual está construindo sua vida. Elas o influenciam de maneiras que você não pode ver ou compreender.

Muitas vezes, buscamos poder e reconhecimento porque em algum lugar em nossas raízes/base, sentimos como se tivessem tirado algo de nós, então vivemos a vida fazendo isso com os outros e temendo que, a qualquer momento, alguém nos roube de novo.

Ser uma pessoa de valor é ser um doador, é entender que sua vida é uma dádiva e que sua história e experiências dolorosas são um presente para o mundo; que a busca por energia externa nada mais é do que um curativo para uma ferida que você não curou.

O verdadeiro poder está em viver uma vida cheia de verdade. Não ter medo de deixar que os outros o vejam. Ao contrário, você deixa o mundo entrar, permite-se ser um exemplo vivo para que outros possam aprender e crescer apenas por conhecê-lo, vê-lo e receber a dádiva da sua verdade.

Quando fui ao evento Date With Destiny de Tony Robbins, nos EUA, que mais tarde se tornou o documentário da Netflix *I Am Not Your Guru* (*Eu não sou seu guru*), eu queria descobrir como poderia ajudar as pessoas e promover a cura sem realmente expor minha história e raízes. Eu tinha tudo: experiência, inteligência e conhecimento do que era necessário para ajudar os outros e ajudar a mim mesma. Mas ainda estava presa, com medo das sombras do meu passado e do que as pessoas pensariam, fariam e diriam.

Entretanto, quando decidi me levantar no meio de uma multidão cheia de estranhos de todo o mundo e compartilhar o meu maior valor, a minha verdade em todas as suas cores, finalmente entendi o poder de me abrir e deixar que os outros me vissem. Eu contei a história de abusos que sofri na infância e a minha verdade libertou a verdade de milhares de pessoas. Homens e mulheres vieram a mim e compartilharam suas histórias e segredos mais profundos. Pessoas se curaram e eu de fato não tinha feito nada além de ser a presença da verdade. Foi nesse momento que descobri que era dando, compartilhando e sendo que me tornava uma pessoa de valor.

Se eu pudesse deixar-lhe um presente antes de virar esta página, eu lhe daria meus óculos, para que você pudesse ver, apenas por um momento, como eu vejo o mundo. Por favor, é todo seu... Eu vejo a vida explodindo em cores, as cores mais lindas como o pôr do sol se derretendo no oceano, e todos os tons de verde das árvores que abrigam os animais mais lindos. Eu vejo a vida mudar, transformar e o verde virar marrom, preto e branco. Um caos perfeito. Vejo flores desabrocharem em solo queimado e arcos-íris surgirem no meio da chuva. Vejo um mundo que anseia por ser ouvido, por ser visto, por ser cuidado. Vejo um lindo quebra-cabeça da existência humana tentando descobrir a que lugar pertence e a paz das almas honrando cada conexão, cada experiência, sabendo que é para seu próprio crescimento. Eu vejo você, em toda a sua luz e em toda a sua sombra, e a beleza da sua existência. Sem a sua peça, todo o quebra-cabeça estaria incompleto. Nada deve ser jogado fora. O mundo precisa de tudo o que você é, de todas as cores.

Confie no processo, deixe o seu presente para este mundo ser a sua vida. Respeite os momentos lentos da sua jornada – eles são tão valiosos quanto os rápidos. E nunca se esqueça: seu maior valor é oferecer o que é eterno.

DAWN WATSON É formada pelo Robbins-Madanes Center for Strategic Intervention e especializada na ressignificação da dor através do perdão. Nascida no Brasil, em uma comunidade religiosa norte-americana, ela cresceu sob crenças deturpadas em relação a Deus, amor e sexualidade. Aos 13 anos, decidiu começar uma jornada em busca de cura e uma vida com propósito verdadeiro. Em 2014, participou do evento Date with Destiny, de Tony Robbins, nos Estados Unidos, que mais tarde se tornou o documentário da Netflix *Tony Robbins: eu não sou seu guru*. Nesse evento, quebrou o silêncio e compartilhou a própria verdade como uma forma de se libertar da dor e voltar para o amor. Hoje, Dawn ajuda as pessoas a ressignificarem as dores mais profundas por meio de cursos on-line, encontros presenciais, palestras, conteúdos em mídias sociais e livros.

Em vez de se esforçar tanto para criar e entregar valor às outras pessoas, trabalhe para se tornar uma pessoa de valor.

13

@ dawnwatsonoficial
▶ dawnwatson

14

COMO DESENVOLVER O PENSAMENTO ORIENTADO PARA O CRESCIMENTO

ARQUIVO PESSOAL

Dener Lippert

14

Você já ouviu falar em *growth way of thinking*? Pode ser traduzido como "pensamento orientado para o crescimento", um conceito importado do universo das startups para falar sobre expansão rápida e escalável, uma característica própria desse tipo de empresa.

No entanto, o *growth way of thinking* pode orientar empresas de diversos portes e áreas de atuação, pois é uma forma de pensar baseada em informações e evidência que proporciona tomada de decisões mais assertivas. Somada às possibilidades de venda que a internet oferece, ela coloca os negócios no rumo certo.

Dominar um processo de vendas pela internet e conquistar o *growth way of thinking* em um negócio exige um líder de visão. Essas ferramentas podem fazer muito por você se:

- Você ou sua empresa não batem metas de vendas;
- Perde ou fecha canais de venda;
- Não consegue mensurar retorno dos seus investimentos;
- Sua empresa perde mercado;
- Não há unicidade no time em buscar sempre o crescimento;
- Não existe visão clara de futuro;
- Sente cobrado a ter sucesso e quer corresponder à expectativa;
- Teme pela sua segurança financeira;
- Sente responsável pelos seus funcionários, parceiros e incentivadores, e não suporta a ideia de lhes decepcionar;
- Não se sente pertencente a um ambiente de próspero futuro.

É muito possível que você identifique o problema com clareza, mas, por falta de conhecimento, não encontre a solução. Vou lhe contar uma verdade: atualmente não há opção. A internet é fundamental para a prosperidade de qualquer empreendimento, ou seja, o seu negócio precisa estar no on-line.

O crescimento começa no pensar

O empresário que implementa um processo de vendas através da internet e vive o *growth* no seu modo de pensar investe confiante e sem medo porque detém controle do retorno que o produto ou serviço lhe trará.

Por outro lado, na mente do indivíduo comum, dinheiro é escasso e somente conquistado através de alguma dor. Nesse cenário, o medo de perder pode ser maior do que a vontade de ganhar.

Para pensar *growth* existem algumas concepções fundamentais que o indivíduo deve vivenciar no seu dia a dia para atingir um cenário de controle do retorno que terá sobre seus investimentos:

1. **ESFORCE-SE PARA ENTENDER O MARKETING COMO UM PROCESSO NÃO LINEAR.**

   Abandone as visões muito tradicionais de crescimento e veja que aplicar múltiplas estratégias tende a trazer mais resultado do que investimentos pontuais em somente uma ou outra coisa.

   Assuma que você AINDA não detém o conhecimento pleno do que lhe trará o controle e a transformação que busca e que, para o atingir, deverá investir tempo e dinheiro para alcançar seu objetivo.

2. **IMPLEMENTE O *GROWTH* POR MEIO DE ALGUMAS TAREFAS-CHAVE:**

   - Faça uma análise dos potenciais e oportunidades da sua empresa, contando com um ponto de vista externo;
   - Descubra o seu delta de LTV/CAC.
     - CAC é a sigla em inglês para Custo de Adquirir o Cliente (*Cost to Acquire a Customer*), ou seja, quanto precisa ser gasto em marketing e vendas para que o potencial cliente (*lead*) se transforme em cliente de fato. Para calcular o CAC, divida o custo total de aquisição de clientes (marketing, custo do time comercial etc.) pelo número total novos de clientes.
     - LTV é a sigla em inglês para Valor ao Longo da Vida (*Lifetime Value*), que é o valor total que esse cliente gera enquanto consome seus produtos ou serviços. Para saber esse valor, é necessário saber a

receita que esse cliente gera – e essa receita é obtida pelo cálculo de quanto esse cliente gasta multiplicado por todas as transações que ele realiza em sua empresa ao longo de uma vida. Ou seja, contabilizamos a receita média total ao multiplicar toda a interação do cliente com o negócio pelo ticket gasto e, quando subtraímos desse valor obtido os custos variáveis da venda, chegamos à margem de contribuição, ou LTV, um valor bruto que o cliente deixa na empresa para contribuir com os custos fixos. O seu LTV deve ser sempre superior ao custo de aquisição para o seu negócio dar certo e, quanto maior ele for, melhor.

- A análise dessas métricas é importante para saber se a empresa gasta mais para adquirir ou para reter o cliente e orienta uma série de decisões estratégicas para o negócio;
- Tenha um time de marketing e vendas unificado;
- Invista em mídia;
- Represente seu negócio nas redes sociais, tomando a frente dos conteúdos que definem seu empreendimento;
- Promova o *growth way of thinking* em todas as áreas do negócio, com todas as pessoas;
- Use o CRM, sigla em inglês para Gestão de Relacionamento com o Cliente (*Customer Relationship Management*), como o guia absoluto do seu processo de vendas.

Quando eu tinha 17 anos, quebrei a minha empresa de eventos, adquirindo dívidas, e entendi que o meu maior problema foi não ter domínio sobre o processo de vendas. Busquei ajuda com marketing e confiei em uma agência que não focou o crescimento do meu negócio e me orientou que *branding* era do que eu precisava. Junto com minha irmã e meu cunhado, vivemos dívidas, dor e frustração.

Após o meu primeiro processo de vendas de ingressos de excursão pelo Orkut e MSN, identifiquei uma oportunidade. A partir desse momento, percebi que precisava criar uma empresa que assessorasse os empresários para não passarem pela mesma dor que eu vivi.

Depois de um tempo, me dei conta de que as vendas devem ser o motor de crescimento de uma empresa e que a internet era um ambiente pouco explorado para isso. Agora é ainda mais importante porque não há outra opção.

Não viva conformado com uma jornada determinada pelo resultado da ação dos outros. Tome as rédeas da gestão do seu negócio e seja o protagonista do seu empreendimento. Isso refletirá na sua vida e na da sua família, dos seus amigos e parceiros.

Ao se colocar nessa posição, tomando decisões baseadas em dados e assumindo a responsabilidade pelo crescimento, será possível conquistar o sucesso, ser melhor a cada dia e construir um legado.

DENER LIPPERT Nasceu em 1994 em Canoas (RS). Filho mais novo de quatro irmãos com pais divorciados, morava na periferia. Empreendeu aos 14 anos, vendendo excursões através de redes sociais como o Orkut e o MSN. Cresceu e quebrou o negócio aos 17 anos. Um ano depois, fundou a V4 Company, hoje a maior assessoria de marketing para pequenas e médias empresas do Brasil.

Dominar um processo de vendas pela internet e conquistar o *growth way of thinking* em um negócio exige um líder de visão.

14

 denerlippert

INOVAÇÃO NÃO É UM BICHO DE SETE CABEÇAS: DESMISTIFIQUE ESSE PROCESSO E POTENCIALIZE SEU NEGÓCIO

© PAULO LIMA

Eduardo Ferreira

15

Muitas empresas tratam a inovação como um fim e não como um meio. Olham para o mecanismo de como as coisas serão feitas em vez de olhar para o resultado que será gerado. Em alguns casos, não estão prontas para contratar pessoas ou empresas capacitadas que possam implementar propostas de inovação.

Inovar, muitas vezes, é encontrar uma nova forma de fazer algo que já é realizado há muito tempo, mas que não está gerando o resultado esperado. Para inovar, você precisa cometer alguns erros até atingir seus objetivos. Quanto mais rápido você errar, mais rápido conseguirá ajustar o processo. Essa é a mentalidade das startups e das empresas de crescimento exponencial.

No tão competitivo mundo dos negócios, a falta de inovação e de adaptabilidade frente às novas dinâmicas de mercado e o medo de errar podem ser fatais. Mais do que isso, muitas empresas sofrem com a falta de foco e de ação, tentam fazer tudo sozinhas, não persistem e algumas até têm medo de utilizar a tecnologia a seu favor.

Um erro comum ao lidar com a inovação é não estabelecer uma meta bem definida a partir da realidade inicial do seu negócio. Ou ter a meta, mas não desenhar e executar ações para atingi-la ou pior, ter medo de colocar as ideias em prática. Lembre-se sempre de que o feito é melhor que o não feito.

As pessoas acreditam que fazer um planejamento é a maneira difícil de se começar um negócio, enquanto deveriam colocar o plano de negócios como o investimento prioritário da empresa. Ele é importante, pois ajuda a mapear riscos e oportunidades e é uma ferramenta fundamental para acelerar o crescimento.

No início da jornada, o sacrifício é um mal quase que necessário. Trabalhar muito, dormir pouco, não ter uma vida social e apenas alguns finais de semana de lazer. São poucas as pessoas dispostas a pagar esse preço para que seu negócio realmente dê certo.

Além da mentalidade de inovação, planejamento e sacrifício, outro ponto crucial para se atentar quando se está abrindo um negócio é descobrir o seu propósito. Ele o motivará a atravessar as dificuldades. Além disso, guiará para o caminho que você quer percorrer, sem ficar preso ao que já passou. Sempre deixe o seu propósito claro para as pessoas que trabalham com você, ele é a principal influência na sua relação com seu negócio, é o que faz você acordar todos os dias com vontade de trabalhar. O mais importante de qualquer negócio é seu significado.

Inovação: o caminho para se diferenciar

Para a empresa crescer, evoluir e sobreviver é preciso pensar em uma maneira de se diferenciar dos seus concorrentes. Neste ponto, a inovação é fundamental.

O principal passo para conseguir realizar um processo de inovação dentro de uma empresa é ter clareza do patamar em que ela se encontra e para onde deseja que ela vá. Isso possibilita o desenvolvimento de ações mais direcionadas e objetivas e permite formular um plano de inovação baseado em metas e estratégias de longo prazo.

O segundo passo é uma lição antiga, mas a principal fonte de ideias para conseguir realizar um processo de inovação em uma empresa: escutar os seus clientes. Afinal, é a partir da experiência do cliente que é possível mapear os pontos de melhoria no atendimento e a demanda por novos produtos e serviços, por exemplo.

Este é um dos caminhos para buscar soluções inovadoras, mas não o único. Eu acredito profundamente que inovar é transformar algo difícil em simples. Nesse sentido, a inovação também pode vir dos seus funcionários, que pela proximidade com a operação, identificam com mais facilidade oportunidades de otimização de processos.

Outra possibilidade de acelerar o processo de inovação é trazer profissionais de fora do seu mercado de atuação com conhecimento específico em tecnologia. Eles podem orientar sobre possibilidades que a tecnologia traz e fornecer exemplos do que já vem sendo implementado.

"A inovação distingue um líder de um seguidor."

Essa frase do Steve Jobs[1] marcou muito a minha trajetória. Ele é reconhecido por ser um ícone das inovações, por ser o rosto de uma empresa *high-tech*. Mas se analisarmos as suas invenções que revolucionaram o mercado, todas já existiam, só que de maneira mais complexa. Ele transformou, por exemplo, o *walkman* em um objeto menor e mais prático, o iPod, e com mais possibilidades ao ampliar a capacidade de armazenamento de músicas. Da mesma maneira, trouxe novas funcionalidades ao celular, que já existia, transformando-o em uma espécie de computador de mão, o smartphone.

Inspirado por trajetórias como essa, eu decidi, em 2017, sair de Balneário Camboriú e me mudar para São Paulo. Meu objetivo desde então é resolver problemas de clientes por meio da inovação e tecnologia, acelerando o crescimento de qualquer negócio.

Comecei a participar de alguns grupos de mentoria e a me relacionar com pessoas que estavam em busca dos mesmos objetivos que eu. Essa foi uma das grandes viradas que me fez entender que só querer não é o suficiente. Eu tinha de viver aquilo todos os dias, precisava estar no mesmo ambiente e cercado de pessoas com o mesmo propósito que eu. Isso pode fazer total diferença no resultado.

Hoje em dia, todo mundo quer inovar, pois isso se tornou uma necessidade diante de tantas transformações tecnológicas e sociais que vivemos. No entanto, o senso comum prega que a inovação é difícil, envolve muitos recursos e exige conhecimento especializado. Sim, isso pode ser verdade, mas essa é apenas uma possibilidade das várias que a inovação traz.

O meu intuito é desmistificar o processo de inovação. Não se trata de reinventar a roda ou de criar um aparelho ultramoderno que usa tecnologia de ponta. Ser reconhecido por uma invenção disruptiva e cravar seu nome na história é para poucos. Não estou dizendo que você não deva almejar isso, mas inovar envolve muito mais. Inovação é gerar valor e transformação na vida de pessoas e empresas, seja como for.

Destrinche os seus processos, revisite seus produtos e serviços, identifique gargalos e pontos de atrito e reflita de que maneira eles poderiam

---

[1] VALENÇA, D. Steve Jobs disse uma vez: "A inovação distingue entre um líder e um seguidor". **Procenge Blog**, 2021. Disponível em: https://procenge.com.br/inovacao-distingue-lider-seguidor. Acesso em: 15 dez. 2021.

ser simplificados. Desenvolva esse raciocínio da inovação, desde as coisas pequenas às grandes. E, claro, execute. Parta para a ação. Faça testes, coloque em prática, erre ou acerte, adapte, faça os ajustes necessários e tente novamente. Quando você se der conta, já será um inovador!

EDUARDO FERREIRA Nasceu na cidade de Campo Mourão (PR), e hoje, aos 33 anos, mora em São Paulo. Eduardo é um apaixonado por tecnologia e por encontrar soluções tecnológicas para o crescimento de empresas.

**Inovação é
gerar valor
e transformação
na vida de pessoas
e empresas,
seja como for.**

duh2105

15

**DESTRAVE SUAS EMOÇÕES
E RESSIGNIFIQUE SUA VIDA**

© JULIANE TONIN

Fernanda Tochetto

Muitas pessoas se sentem insatisfeitas com a própria vida, seja no âmbito pessoal, profissional ou financeiro, mas não sabem muito bem o que há de errado. Geralmente, elas têm dificuldade de lidar com a própria história, de se reconhecer na sua essência e encontrar o seu real valor. Sentem-se inseguras e com medo. Não sabem treinar o seu cérebro para construir mudanças sustentáveis de verdade. Ficam esgotadas, lutando contra algo que desconhecem, tendo pouco tempo para si e para as pessoas que amam. Entram em um círculo vicioso de atividades iniciadas e nunca concluídas, sem foco, sem resultado e, o que é pior, com frustração. Isso acaba se espelhando em todas as áreas da vida, da carreira aos relacionamentos.

Você se identificou com alguma das características acima? Quer destravar seus resultados pessoais e profissionais? Comece entendendo que esse processo tem início no seu emocional — trabalhando medos, inseguranças e tudo aquilo que pode o estar impedindo de enfrentar os desafios e de alcançar uma realidade com que você sonha. Nunca é tarde para despertar os seus potenciais, encontrar o seu propósito e gerar mudanças sustentáveis, com comportamentos que transformam e rotinas prósperas para realizar um planejamento de vida e de carreira. Sempre é momento de evoluir e buscar resultados diferentes, rompendo o ciclo que leva você aos mesmos problemas. Para isso, é preciso que a mudança comece na base.

O medo é o principal fator que impede a mudança e, por incrível que pareça, não apenas o medo de fracassar, mas também o medo do sucesso. Algumas dessas pessoas que estão insatisfeitas com a própria vida parecem fortes e bem-resolvidas, mas carregam inseguranças, julgamentos e, principalmente, crenças que travam suas escolhas e atrapalham seu crescimento. Elas se sentem receosas e ansiosas com frequência, comparam seus resultados aos de outras pessoas e, por tudo isso, não crescem e evoluem como poderiam. Estão estagnadas, com um vazio que não conseguem explicar. Deixam de arriscar por medo do fracasso e do julgamento alheio e acabam limitando seus resultados e não acessam seu potencial máximo, não querem ser consideradas arrogantes e prepotentes. Escondem-se de si mesmas, sufocam seus sonhos e ideias, procrastinam seus movimentos em busca da perfeição e da aceitação. Não se sentem merecedoras de usufruir de suas conquistas e acabam não agindo na direção dos seus objetivos.

Nesse cenário, a vida é uma sequência de dias e desafios. Os sonhos são possibilidades distantes que dependem do outro. A autoestima e a autoconfiança atrofiam, a vida passa e os anos voam. Alguns medos e inseguranças são constantes: de não saber se posicionar, de arriscar, de não conseguir evoluir, de não ganhar bem, de falar em público, de se expor, do julgamento alheio, de não ser reconhecido, de não ser bem-sucedido, de não ter tempo para cuidar de si e acabar adoecendo, de não saber controlar o dinheiro, de não concretizar seus objetivos e assim por diante. Isso leva ao hábito de reclamar, com dias que começam e terminam sem propósito, sem realizações.

O autoconhecimento é essencial para manter o foco nos seus sonhos e objetivos e interromper esse ciclo de medo. É necessário compreender como agimos e reagimos aos fatos e aos ambientes para não seguir modelos preestabelecidos. A autoconsciência de quem somos no momento presente evita que vivamos a vida repetindo ou repelindo experiências que moldaram os nossos aprendizados e o nosso crescimento até a vida adulta.

A pessoa que sabe o que quer e por que quer destrava a sua vida, sai do rascunho e constrói a realidade que deseja viver.

Quando assumimos o que queremos para a nossa vida e destravamos emocionalmente, os planos saem do rascunho e tudo ao redor se transforma. Comece olhando para si, busque sair do automático e livrar-se de crenças e padrões comportamentais que o afastam dos seus sonhos. Encontre coragem para fazer as transformações necessárias na sua vida, saia do papel de vítima e comece a agir em prol de si mesmo.

A seguir apresento algumas técnicas que me ajudaram a mergulhar no autoconhecimento.

- Faça um **diagnóstico** das principais áreas da sua vida para **ativar a autorresponsabilidade**: saúde física e emocional, família e relacionamentos, carreira, dinheiro e fé. Detalhe o máximo possível e seja sincero consigo;

- Elabore uma **linha do tempo** da sua vida. O objetivo é olhar para o passado e enxergar o quanto suas experiências mais marcantes estão contribuindo para você construir o futuro que deseja. Em uma folha grande, coloque os principais acontecimentos da sua jornada e o ano correspondente. Comece com o seu nascimento e vá preenchendo conforme for lembrando. Não se limite aos grandes eventos, insira os desafios, os problemas, as mudanças, os erros, os cursos, as perdas, as decepções, os passos profissionais, enfim, tudo o que marcou o seu caminho até aqui. Na etapa seguinte, reflita sobre os pensamentos e sentimentos que vêm à sua cabeça para cada um desses acontecimentos e de maneira geral quando você olha todo o quadro;
- Reconheça as **crenças e padrões comportamentais** que estão regendo a sua vida até agora. Para ressignificá-los, você precisa compreender onde nasceram, aceitar que aquela era a sua realidade naquele momento e que as pessoas e o ambiente ofereceram o que eram capazes;
- O próximo passo é **treinar seu cérebro** para novas crenças de identidade, capacidade e merecimento por meio de duas técnicas: visualização do seu futuro ou ensaio mental, e autoafirmações e mantras. Ensaio mental é imaginar o que você quer que aconteça na sua vida e visualizar seus sonhos se realizando. As autoafirmações e os mantras servem para fortalecer seu compromisso diário com as ações e ajudam a criar crenças fortalecedoras. Essas são ferramentas para manter-se forte e focado diante dos desafios, ajudando você a reagir mais rapidamente e melhor aos acontecimentos.

A linha do tempo e as técnicas para instalar novas crenças fortalecedoras ajudam a destravar seu emocional porque restabelecem o equilíbrio da base da sua vida. Essas ferramentas fazem você enxergar a tríade passado-presente-futuro, mostrando de onde você veio e o que absorveu até aqui, onde você está e para onde quer ir.

O passo seguinte é a **técnica 3D – Destravar, Despertar e Decidir Prosperar**. Apresento-lhe alguns exemplos práticos.

DESTRAVAR

Ressignifique sua história e complete as frases de acordo com o seu contexto: Eu me perdoo por...

Eu perdoo... (alguém da sua história)
Eu aceito... (coisas que não pode mudar)
Eu aprendi... (o que errou e faria diferente)

DESPERTAR

Crie seu mantra segundo seu objetivo:
Eu sou...
Eu posso...
Eu mereço...
Essa é a minha vida!

DECIDIR PROSPERAR

Faça um ensaio mental – descreva o seu futuro como se estivesse acontecendo no presente: o que você quer ser, ter, realizar? Como quer que as coisas aconteçam? Com o que quer se encontrar? Detalhe tudo.

Eu sou apaixonada por este método porque presenciei sua eficácia na minha vida e na de muitas outras pessoas. Sou natural de uma cidade pequena, filha de comerciantes que sempre batalharam muito. Trabalho desde os 11 anos, não tínhamos uma vida fácil. A escassez, a sobrecarga de trabalho e as discórdias familiares faziam parte da minha rotina. Mas me dediquei a cada etapa do método. Reconheci e ressignifiquei crenças que me puxavam para baixo, perdoei quem eu tinha de perdoar, parei de culpar os outros pela vida que eu levava e pelos resultados que eu tinha, me libertei de todas as travas instaladas ao longo da minha história. Despertei meu potencial máximo com conhecimento e estabelecendo uma boa rede de relacionamentos. Decidi prosperar, transformar e ajudar outras pessoas com o que me transformou. Adotei o ensaio mental e os mantras diariamente.

FERNANDA TOCHETTO É psicóloga, treinadora comportamental e mentora de carreiras. Sua missão é ajudar as pessoas a destravarem e a despertarem o seu ser, tirando sua vida do rascunho, e conduzindo-as a conquistar uma vida de sucesso por meio de uma carreira gratificante e lucrativa, que proporciona liberdade para realizar seus sonhos. Com mais de vinte anos sendo mentora de mais de 10 mil histórias de sucesso, busca despertar o potencial máximo das pessoas e transformar seus resultados. É autora do best-seller *Destrave a sua vida e saia do rascunho*, publicado pela Editora Gente.

Continuei investindo em autoconhecimento, o que foi fundamental todas as conquistas da minha vida.

Se quisermos mudar a nossa realidade, seja ela qual for, precisamos mergulhar sem medo no autoconhecimento. Ele é essencial porque ninguém pode decidir por você, ninguém pode agir por você. Existem coisas que só você pode fazer, só você pode destravar. Somente depois que destravamos que é que despertamos para um novo modelo mental e, a partir daí, conseguimos formatar nosso padrão comportamental de acordo com aquilo que queremos. Por isso, dedique-se ao autoconhecimento, sem medo do que pode descobrir sobre si mesmo. Você tem o poder de mudar tudo – crenças, medos, padrões comportamentais. Mas você só muda a sua realidade e só transforma a sua vida e os seus resultados se você se enxergar de verdade, com uma visão hiper-realista de si e das ações que precisa colocar em prática. Além do autoconhecimento, acredite no poder da sua mente. Pratique o ensaio mental e as autoafirmações. Teste o método por alguns dias para ver o que acontece e você não se arrependerá!

> **A pessoa que sabe o que quer e por que quer destrava a sua vida, sai do rascunho e constrói a realidade que deseja viver.**

ACREDITAR PARA SE POSICIONAR: A TRILHA DO *BRANDING*

© GUSTAVO VIOLA

Gabi Archetti

17

Grande parte das pessoas, quando eu pergunto pela primeira vez "O que você faz?", respondem de maneira curta, sem entusiasmo ou clareza. Algumas, às vezes, até gaguejam pela incerteza da própria resposta. Ou começam com o famoso "Então..." antes de responder a essa simples pergunta. Digo "simples" porque a resposta deveria ser assim, mas para muitas pessoas não é. E isso independe de ser um empreendedor, empresário, executivo, profissional CLT ou dono de empresa. Se faço perguntas mais profundas, como "Qual é o seu diferencial?" ou "Me fale um pouco sobre você?", a maioria não sabe responder.

Eu atribuo essa hesitação ao que chamo de "quatro faltas":

1. Falta de identidade;
2. Falta de clareza;
3. Falta de fé em si mesmo;
4. Falta de posicionamento na vida pessoal e profissional.

Vivemos em uma sociedade de adultos sem identidade, sem clareza sobre si, sobre o que fazem e sobre os próprios objetivos e posicionamentos – pessoais ou profissionais. Quando uso a palavra "posicionamento", refiro-me ao real significado do termo, para que você possa vivê-lo na prática na sua vida pessoal e profissional.

Posicionamento é o ato de expressar a sua posição sobre algo ou alguma situação, e isso requer coragem.

Quando alguém não sabe responder questões simples, porém nada simplórias, como as que mencionei, muitas vezes não o sabe fazer meramente porque não busca respostas. Assim, não consegue construir algo imprescindível para o sucesso, que é a fé em si mesmo.

O mix das "quatro faltas" gera sentimentos como frustração, complexo de inferioridade e dois medos principais, que são o do fracasso e do julgamento.

A partir da minha experiência na construção do posicionamento de inúmeras marcas pessoais e corporativas, posso afirmar, com certeza:

- Existem profissionais e marcas que ficam em cima do muro, são mornas demais, porque ainda acreditam que devem ser para "todo mundo" e tentam agradar a todos. Só que nenhuma marca é, e nunca será, para todos. Assim como nenhuma pessoa se conectará com todas as pessoas. Isso é natural. ==Posicionamento não é sobre ficar em cima do muro, é sobre tomar a decisão de defender algo em que você acredita com toda a sua alma==;

- A descrença em si próprio faz as pessoas terem atitudes diárias fracas e, por consequência, elas sentem que não são tão boas assim, não agem, travam, desmotivam-se por tudo. Sabe por quê? Porque erram em um conceito básico que é entender que nenhuma marca começa grande. ==Todo mundo começa pequeno e vai se construindo e crescendo ao longo do caminho. O que falta é consciência sobre o processo e fé em si mesmo.==

Conhece aquela frase "a fé move montanhas"? Ela diz respeito à fé em si, na mudança que você pode realizar na sua vida e no mundo. Se tiver essa fé, ela também se "moverá" rumo ao resultado que almeja. Mas você precisa fazer o básico, que é ACREDITAR nisso, mesmo nos seus dias de derrota.

Sem fé em si e no que você idealizou, os questionamentos sobre tudo o que construiu até então o distraem e, talvez, até levem-no para um caminho de oportunidade financeira momentânea, mas não será algo que o fará vibrar de fato.

Marcas poderosas são reflexos de pessoas poderosas

Os posicionamentos pessoais e profissionais precisam ser, antes, internalizados para, só depois, serem externalizados. Tudo começa dentro, e não fora. Se a pessoa – antes da marca pessoal ou corporativa – não estiver muito bem criada, construída e definida, dificilmente sairá do mediano. Talvez o negócio até avance, mas não o suficiente para se tornar extraordinário. E a culpa será da pessoa que não construiu e lapidou seus posicionamentos, suas visões, suas crenças, sua metodologia, ou seja, tudo o que torna a marca AUTORAL e ÚNICA.

Para lidar com essa questão, eu proponho **quatro circulares para eliminação das quatro faltas**. Indico que você pegue papel e caneta e faça esse exercício em uma folha.

Desenhe quatro círculos, um dentro do outro, por camadas.

A camada externa, a de fora, é a do **POSICIONAMENTO**. Ela está ligada, principalmente, à imagem da marca que você vem comunicando hoje. O que as pessoas percebem de você ou da sua marca. Talvez essa percepção não esteja na equivalência do que, de fato, a marca é, e o motivo decorre da falta de construção das camadas internas desse diagrama.

Agora, vamos para a camada mais interna e, a partir dela, retornaremos até a camada de fora.

A camada mais interna é: **QUEM É A MARCA? QUEM É VOCÊ?** O que é "a cara" da marca? O que é muito "a sua cara"? O que faria você ou a sua marca perder a identidade se retirado? Quais são os valores que norteiam suas ações? Quais são suas paixões, habilidades? Descubra isso e descreva. Não precisa ser tudo em um dia, mas busque constantemente respostas para essas perguntas. Elas descrevem e falam sobre a sua **IDENTIDADE** como pessoa ou marca.

Avancemos para a próxima camada, de dentro para fora, que é o **SISTEMA DE CRENÇAS**, ou seja, no que você ou a marca acredita. Qual é a sua visão de mundo? O que você acredita sobre a sua área? Qual transformação quer gerar no mundo? Isso o diferencia dos demais. Cada visão é única porque é regada por "temperos" de vida e experiências diversas em cada pessoa.

Na terceira e penúltima camada, analise **COMO** a marca vive e se movimenta baseada na identidade e no seu sistema de crenças. Ou seja, como você externaliza para as pessoas tudo em que acredita de fato, como executa tudo na prática, no seu dia a dia.

A partir disso, voltamos para a camada de fora, a do posicionamento, que é o que externalizamos. Lembrando sempre: quando não há a construção desses itens básicos, não existe identidade. E, quando não há identidade, não fica claro para as pessoas porque você ou sua marca deveria ser escolhido, e não as outras várias opções do mercado.

Minha marca, minha vida

O caminho pode parecer simples e até óbvio para alguns, mas é necessário coragem para conhecer sua identidade e posicionar-se no mundo de acordo com ela. Falo a partir da minha experiência, além das inúmeras marcas que ajudei a construir.

Em 2018, decidi que não faria pelo resto da minha vida algo que eu não amava. Naquela época, metade do meu dia eu atendia como fisioterapeuta especialista em disfunção crânio-mandibular e, na outra metade, cuidava do setor de *branding* e marketing de uma clínica. Metade do dia eu estava vibrante e, na outra, desanimada. Mas, em uma loucura boa e impulsiva, tomei a decisão de colocar a minha energia na minha paixão, o *branding*. Confesso que nem preparada financeiramente eu estava para isso.

Nesse ritmo de decisões, escolhi sair da minha cidade natal, Pato Branco (sim, a terra da Bozena da televisão), e ir para a cidade grande, seguindo minha intuição profissional em prol de acelerar minha carreira. E assim o fiz. Vendi toda a minha mobília da casa em Pato Branco, até minhas roupas e louças e, em trinta dias, estava no meu novo lar: São Paulo. Foi a melhor decisão da minha vida.

Lembre-se: posicionamento não é sobre ficar em cima do muro, e sim sobre tomar decisões pessoais e profissionais nas quais você tem fé absoluta.

Todo mundo trabalha, estuda e se esforça todos os dias em busca do RECONHECIMENTO. Se você falar que não, está mentindo para si mesmo. Só que, antes de querer ser reconhecido e chegar ao ponto de ser uma autoridade em algum assunto, construa o seu posicionamento interno e acredite nele com toda a sua fé. Entenda que, para você ou para sua marca serem escolhidos e reconhecidos, é necessário elaborar as quatro camadas circulares para construir a sua AUTORALIDADE, que está totalmente ligada à autoridade e à reputação que você deseja no seu mercado.

GABI ARCHETTI Tem 27 anos, é empresária e especialista em *branding*. Sua empresa de educação on-line atua com *branding*, marketing digital, e no direcionamento personalizado e humanizado de marcas pessoais e corporativas.

Posicionamento é o ato de expressar a sua posição sobre algo ou alguma situação, e isso requer coragem.

17

@gabiarchetti

LIÇÕES DO ESPORTE PARA O
ALTO DESEMPENHO NA VIDA

© EMILIO CAPOZOLI

Gustavo Borges

Como atleta, aprendi algumas lições que me foram muito úteis não só nas piscinas, mas também fora delas. Vou começar falando de algo que as pessoas, em geral, não dão muita atenção, e que, de fato, faz a diferença: os **detalhes**. Sim, é nos detalhes que separamos quem se dedica ou não. Na minha época de nadador, por exemplo, isso se resumia a um centésimo de segundo. Essa era a menor diferença de tempo entre dois atletas e o que definia se eu disputaria uma Olimpíada ou não. Se avançaria para uma final ou não. Se subiria ao pódio e colocaria uma medalha no peito ou não. Era o detalhe que dizia tudo.

É incrível como as pessoas acham que, se fizerem algo meia-boca, terão resultado. Sinto dizer, não terão. Não o que esperam, pelo menos. Para ter bons resultados, é obrigatório ter **consistência nos processos**. Não só os atletas, mas os empreendedores de sucesso são assim. Fugindo da média, alcançam a excelência.

Outros dois pilares fundamentais são a superação e a alta performance. Muitos dizem que se dedicam ao máximo para atingir os objetivos, que se superam para isso. Mas será que, na prática, é assim?

É mais comum do que imaginamos deixar que a preguiça, o medo e a falta de energia entrem em jogo. Só se combate esses sentimentos com **dedicação**, **entrega**, **foco** e **comprometimento**. Lembre-se desta maravilhosa definição do autor best-seller americano Brendon Burchard para alta performance: "É o sucesso além do padrão estabelecido, com consistência e a longo prazo".[1] Qualquer coisa fora disso é um resultado, ainda que ótimo, isolado.

Se você dedica tempo a uma tarefa ou a um projeto, mas, mesmo assim, não obtém sucesso, preste atenção se não está cometendo alguns

---

[1] BURCHARD, B. **O poder da alta performance:** os hábitos que tornam as pessoas extraordinárias. Rio de Janeiro: Objetiva, 2018. p. 22.

erros básicos. Será que não está fazendo de qualquer jeito, sem energia e foco? Será que não falta confiança em si mesmo? Será que a insegurança não está ocupando um espaço de destaque, a ponto de frear ações ou comportamentos importantes em momentos igualmente importantes?

Não adianta lamentar os fracassos ou ficar repetindo por aí que "nada do que eu faço dá certo" se você não fizer uma autocrítica sobre o que o levou a esse resultado. Muitas pessoas têm medo de mudar – muitas não mudam porque não possuem ousadia o suficiente para fazer isso. Claro que não se deve tratar assuntos essenciais de maneira superficial e simplista, mas ==de nada adianta ter muita intenção e pouca execução no dia a dia==. Essa constatação vale tanto para assuntos profissionais quanto pessoais. Olhando-nos com esse senso crítico, muita coisa pode mudar – para melhor.

Um dos motivos que impedem muitas pessoas de alcançarem a vida com a qual tanto sonham é que elas seguem exageradamente o que diz aquela letra de música: "deixa a vida me levar". Ok, não há nada de errado em aliviar a pegada de vez em quando e relaxar. Mas, via de regra, ==quem comanda a sua vida é VOCÊ==. Você determina as ações do dia a dia, ninguém mais. Por isso, é bom ter foco e clareza sobre o que quer e ir atrás disso com energia. Sem a desculpa de que "os acontecimentos do dia foram responsáveis por minha derrota". Se essa mentalidade reinar, sinto informar que não será possível progredir ou ter uma organização para executar de maneira bem-feita as ações que o levarão aos seus objetivos. Faça planos, defina ações, coloque-as na agenda. De novo: mais ação e menos intenção.

Os resultados, sejam eles positivos ou negativos, são transitórios na vida. Tudo é impermanente. Assim, é preciso estar consciente de que, para persistir ou desistir, a decisão é de cada um, dia após dia. É essencial assumir o protagonismo na vida, ter clareza dos seus objetivos, aprender processos e o que mais for necessário e, principalmente, estar preparado e com coragem para executar o que definiu.

Muitas pessoas fazem planos maravilhosos, mas nunca os tiram do papel. Dessa maneira, eles não serão nada além de... planos maravilhosos, e nunca objetivos alcançados. Como diz o ditado, "camarão que dorme, a onda leva". Então, uma vez desperto para a importância de assumir o protagonismo da sua própria vida, apresento-lhe um passo a passo de como fazer isso na prática, assumindo responsabilidades com ousadia, ação e persistência.

TENHA CLAREZA: identifique o objetivo para o qual você canalizará a sua atenção. Já é difícil realizar os sonhos dessa maneira, imagine se não estiver bem definido onde você quer chegar – não vai rolar.

INVISTA TEMPO: sacrifique-se, trabalhe duro nessa busca por algo sagrado para você. A definição de "sacrifício" é justamente essa, pois vem do latim *sacro*, que é sagrado. Ou seja, as pessoas costumam relacionar essa palavra a algo negativo, mas não é. Trata-se de algo ao qual você está se dedicando porque sabe que vale muito a pena.

GERE APRENDIZADO: na transitoriedade do resultado, aprenda! Sempre. Bato muito na tecla de que vencer e perder é transitório na vida. Entretanto, a jornada para qualquer um dos dois, não. É nela que você constrói e desenvolve os valores e as habilidades necessários para estar bem-preparado para vencer. Algumas vezes, o objetivo final pode nem ter sido alcançado ainda, mas o que você aprendeu dirá se está no caminho certo ou não para tentar de novo e, enfim, ter sucesso.

SEJA PERSISTENTE: é importante esclarecer que persistência é diferente de insistência. Persistir é acreditar em um processo até o fim, sem deixar a peteca cair, evoluindo e aprendendo a cada passo. Insistir é repetir a mesma coisa muitas vezes e, na maioria delas, de maneira errada. É ser superficial. Lembre-se, mais uma vez, de que só se alcança a alta performance tendo consistência a longo prazo. Um vendedor que bateu a meta em um mês do ano, mas passou os outros onze sofrendo, não teve alta performance. Ele teve um pico de bom rendimento, que deve ser comemorado e reconhecido, claro. Mas, principalmente, estudado para que seja repetido mais e mais vezes. Persista!

Aprenda com os erros e as conquistas virão

Em muitos momentos da minha vida, pude ter a certeza de que este método funciona. Na minha primeira participação olímpica, em Barcelona, em 1992, meu desafio inicial foram os 200 metros livre. Nadei muito mal. Nem sequer me classifiquei para a final. Mais tarde, no quarto, eu estava decepcionado comigo, cabisbaixo. Um derrotado, questionando tudo o que havia feito até ali. No entanto, lembrei-me de que nem tudo estava perdido. Eu ainda teria mais uma chance para alcançar o meu sonho, uma medalha. Por que iria desperdiçá-la? Dessa maneira, resolvi que aprenderia com o fracasso da primeira prova, justamente para não repetir os mesmos erros na segunda. O resultado disso? Medalha de prata nos 100 metros livre.

Outro exemplo, este já no papel de empreendedor, foi quando tive de fechar uma das minhas academias em Londrina, no Paraná. Aconteceu em 2015, e foi uma experiência muito, muito difícil. Sofri para lidar com o fracasso tanto pessoal quanto profissional. Mas, como em tudo, isso gerou um ensinamento. Mostrou o que eu não deveria repetir se quisesse que as demais unidades seguissem abertas e saudáveis. Depois disso, eu e meus sócios buscamos alternativas e aprendizados, e assim fizemos crescer as outras unidades do negócio.

O caminho para as realizações está posto:

FAÇA: seja protagonista da sua vida. Vá em frente sempre. Construa o seu caminho. Tenha iniciativa. É você quem diz aonde você pode chegar. Não entregue as rédeas da sua vida para outra pessoa. Só você sabe, de fato, o quanto está disposto a entregar para realizar os seus sonhos.

OUSE: arrisque. Fuja da média. Faça algo novo. Converse com pessoas que pensam de maneira diferente. Tenha coragem para correr atrás dos seus objetivos, apesar do medo. Ficar na média só faz com que você consiga o que todo mundo está conseguindo. Se você quer mais, faça mais.

PERSISTA: quanto mais tempo você fizer algo, melhor será nisso. Só tenha em mente a importância de saber ao certo a direção para a qual está caminhando. Se der errado na primeira vez, levante-se, aprenda, mude e faça de novo.

Tenho certeza de que a satisfação de alcançar os seus objetivos o incentivará a sonhar cada vez mais alto, e o aprendizado ao longo da jornada fará de você uma pessoa melhor para o mundo.

GUSTAVO BORGES É um dos principais nomes da natação mundial. Com quatro medalhas olímpicas e dezenove em jogos Pan-Americanos, é exemplo de motivação e foco dentro e fora das piscinas. Entrou para o Hall da Fama Internacional da Natação em 2013 e empreende na área de gestão aquática e desenvolvimento pessoal.

Os resultados, sejam eles positivos ou negativos, são transitórios na vida. Tudo é impermanente. Assim, é preciso estar consciente de que, para persistir ou desistir, a decisão é de cada um, dia após dia.

18

◉ **gustavo.borges**

19

ESTRATÉGIAS PARA CONQUISTAR CLIENTES PARA UM NOVO NEGÓCIO

© ARQUIVO PESSOAL

João Ladaga

19

Nenhuma mudança comportamental acontece de maneira abrupta; trata-se de um processo gradativo que requer trabalho direcionado e esforço concentrado.

No meu ramo de atividade, a automação residencial, precisamos diariamente incutir na mentalidade das pessoas uma nova cultura de consumo. É necessário confrontá-las sobre suas necessidades primárias e apresentar o que esse novo universo de possibilidades pode agregar, melhorar e transformar em suas rotinas familiares e corporativas.

É necessário quebrar a resistência

Algumas pessoas estão tão acostumadas com suas rotinas, convictas de que nada poderia ser melhor ou mais adequado para o seu cotidiano, que acabam repelindo toda e qualquer sugestão do que poderia lhes auxiliar em diversos sentidos. Outras ainda desconfiam da eficácia das soluções propostas e descartam a possibilidade antes mesmo de entender melhor a respeito.

O fato é que nenhum pai ou mãe deseja voluntariamente terceirizar a criação de seus filhos. São as demandas do dia a dia que os levam a esse lugar e, se posso acrescentar, o desconhecimento de alguns recursos que poderiam ajudar a otimizar tarefa, e realizar de maneira automática algumas atividades secundárias que nos tomam um tempo precioso ao final do dia, também são um problema.

Foi pensando em solucionar necessidades como essas que desenvolvi duas estratégias que pudessem refrear essa resistência:

1. **PULVERIZAÇÃO DA INFORMAÇÃO:** Para fomentar o meu negócio, que é uma atividade relativamente nova e pouco conhecida, precisei investir em disseminar o máximo de informação possível para os profissionais pelos quais 90% dos meus clientes vêm a nos conhecer.

Fiz isso desenvolvendo um material didático que especifica nossas soluções em seus projetos, ensinando a importância de inserirem nossa atividade em briefings de atendimento e colocando nossa loja em seu itinerário de visitas a fornecedores junto com potenciais clientes.

2. **INTENCIONALIDADE NA AÇÃO:** Uma vez que esse cliente já estava conosco, buscávamos conhecer suas preferências, horários, rotina e desejos para, a partir dessas informações, oferecer um projeto completo, com soluções assertivas que viessem ao encontro de suas necessidades da maneira mais personalizada e empática que conseguíssemos desenvolver.

A virada de chave aconteceu quando me dei conta de que meu negócio – assim como qualquer empreendimento no mundo – nunca foi sobre produtos ou serviços, mas sobre contribuir de alguma maneira para melhorar a vida de pessoas. Essa perspectiva mudou tudo a minha volta, e hoje eu posso afirmar que acrescentei mais essa missão ao meu propósito de vida.

Esses são relatos de alguém que errou e acertou muito. Estou longe de ser o modelo perfeito de negócio, porém, hoje, ao olhar para trás, me orgulho do que vejo e acredito que meus passos podem auxiliar novos empreendedores e pessoas que almejam alcançar sucesso em suas carreiras, sobretudo pela paixão, entrega e dedicação que sempre depositei em tudo o que me dispus a fazer.

Se eu puder deixar um conselho, que seja esse: acredite em seus sonhos, tenha um propósito bem definido e caminhe incessantemente em sua direção!

JOÃO LADAGA É formado em administração de empresas, com mais de vinte anos de experiência no mercado financeiro. Hoje, é sócio da Quatri Automação, empresa especializada em automação residencial com foco em tecnologia e audiovisual.

Nenhuma mudança comportamental acontece de maneira abrupta; trata-se de um processo gradativo que requer trabalho direcionado e esforço concentrado.

@joaoladaga

20

DESENVOLVA HABILIDADES E NÃO DEPENDA DO TALENTO

© NANDA ROCHA

Jorge de Sá

Por acreditar que é necessário ter talento para se desenvolver profissionalmente em qualquer área, a grande maioria das pessoas desiste de seu sonho antes mesmo de buscá-lo. Eu cansei de ver e ouvir pessoas sofrendo por antecipação e colocando uma bigorna em tudo o que amam e gostariam de conquistar por uma suposta falta de talento. Eu tenho total convicção de que nós não precisamos de talento para nada, e sim das ferramentas corretas para desenvolver as habilidades fundamentais para alcançar nossos objetivos, sejam eles quais forem.

Uma das minhas maiores indignações é a capacidade que temos de utilizar o talento como desculpa. Vejo pessoas que se tornaram verdadeiros juízes da sociedade e ficam em casa, sentadas no sofá, apontando o dedo para aqueles que conquistaram o que elas gostariam de conquistar, e dizendo: "Para ele é muito mais fácil, nasceu com talento! Eu não tenho talento para isso, mas ciclano sempre teve, então conseguiu".

Se todos entendessem que não existe talento, e sim habilidades a serem desenvolvidas, teremos um mundo com mais pessoas prósperas, bem-sucedidas, satisfeitas com suas conquistas e livres! Livres da dependência de trabalhar com o que não querem, de estar ao lado de pessoas de que não gostam e de diversas outras situações que nos tornam prisioneiros da "necessidade".

Todos que acreditam que precisam de talento para conquistar algo acabam sendo afetados por dois sentimentos bastante prejudiciais para nossas vidas: a depressão, por se espelharem em pessoas muito bem-sucedidas na área em que desejavam ter sucesso; e o sentimento de inferioridade, por se sentirem muito distantes, pequenas e incapazes de terem aquela performance e, por isso, paralisam.

Acreditar que é necessário talento para alcançar o sucesso elimina a capacidade de desenvolvimento do ser humano. Quando se acredita que o principal caminho é através do talento, as pessoas deixam de se desenvolver e de treinar física e mentalmente, entendendo que, como não nasceram com a habilidade para executar o que gostariam, não podem ser bem-sucedidas em tal atividade. Por isso, desistem e partem para algo de que não gostam, mas em que acreditam que alcançarão seus objetivos.

Por falta de informação, por não conhecerem ferramentas que desenvolvem talentos e habilidades, como este livro, as pessoas acreditam que não existe a possibilidade de se tornar habilidoso e eficiente numa área, sendo mais eficaz e com melhores resultados do que alguém com talento natural.

Além dessa percepção equivocada, outra dificuldade é a falta de disciplina. As pessoas que culpam a falta de talento por não conquistarem o que desejam ou que atribuem o talento à conquista de outros não têm disciplina, uma das maiores e mais importantes capacidades para nos desenvolvermos em qualquer aspecto.

O processo de desenvolvimento de habilidades

O segredo do sucesso na área que você quiser não está no talento, e sim na decisão definitiva de percorrer o processo necessário para o desenvolvimento de uma habilidade. Numa corrida entre uma pessoa talentosa e uma disposta a se desenvolver, certamente a talentosa arranca na frente, mas a disposta a se desenvolver tem muito mais chances de chegar na frente no final.

O talento, sem disciplina e desenvolvimento de novas habilidades, não leva muito longe. A chave para o sucesso está no processo, e alguém disposto a passar por todas as etapas para desenvolver uma grande habilidade tem total capacidade de ter melhores resultados e de se destacar mais do que uma pessoa meramente talentosa.

Existe um passo a passo para que você desenvolva uma aptidão e se torne referência na área em que sempre sonhou ter sucesso. Dentre o que fiz na vida para me destacar nas áreas em que tive vontade de atuar e do que passo para meus mentoreados, são três etapas que o levarão a ser um grande nome na sua área profissional.

1. **CONSCIÊNCIA DE ONDE QUER CHEGAR:** Saiba com clareza o que quer alcançar, com riqueza de detalhes. Só é possível construir talento e

habilidade naquilo que você tem claro em sua mente. Identifique em que ponto você está hoje, seja sincero consigo mesmo e aceite o nível em que se encontra para que tenha o real entendimento do esforço que terá de fazer rumo ao seu objetivo.

2. **TENHA UM MODELO:** Com certeza você conhece alguém muito talentoso e habilidoso na área que almeja, certo? Qual é a história dessa pessoa? O que ela fez para chegar lá? Quais as dificuldades que passou? Como é o seu dia a dia? O que ela come? O que bebe? Como treina? O que lê? Faça um completo raio-x dessa pessoa que será seu modelo e anote todas as suas ações, de maneira que você possa se espelhar e aprender com o modo como ela enfrentou os desafios para obter os resultados conquistados.

3. **O PACTO:** Depois de entender com clareza o que você quer e identificar o que os melhores do mundo fizeram para chegar aonde você também quer estar, fica claro que você já tem o objetivo definido e as ferramentas necessárias para o processo. Mas falta responder a apenas uma pergunta antes de iniciar sua trajetória: Agora que o mapa para o desenvolvimento do talento está aberto na sua frente, você pretende se entregar ao processo e se compromete inteiramente a este objetivo? Ao selar este pacto, com ele virá a necessidade de uma disciplina inabalável e um foco total para que seu esforço não seja em vão. Lembre-se, você fará um pacto com quem mais importa nessa missão, com a única pessoa que pode se frustrar caso não chegue lá: você mesmo.

Essa metodologia me acompanha antes mesmo de eu saber que ela era uma metodologia. De maneira intuitiva, esses três passos, exatamente nessa sequência, me fizeram sair de uma posição de um estudante atleta, quase perdendo a bolsa de estudos em três meses de escola, para titular do time, destaque em torneio e com minha bolsa de estudos renovada.

Anos depois, seguindo essa mesma metodologia, e já com a consciência do que estava fazendo, eu decidi, há dois anos, me tornar mentor de atletas que buscam alcançar a alta performance no esporte e criei uma plataforma que hoje já tem mais de 21 mil estudantes atletas cadastrados.

Por meio desses três passos, desenvolvi uma habilidade que eu não tinha para realizar um grande sonho, o de participar do desenvolvimento

Desenvolva habilidades e não dependa do talento

de uma nova geração de atletas bem-sucedidos e vitoriosos no nosso país! Hoje tenho a satisfação e o orgulho de dizer que sou extremamente próspero e vivo de um sonho para o qual eu desenvolvi o talento necessário para ter sucesso.

É muito importante para o seu sucesso pessoal e profissional que você entenda que não adianta ter talento se não houver desenvolvimento. Repito: quem busca se desenvolver em alguma área pode superar alguém que tem apenas talento.

Com os três passos que foram citados, você se torna capaz de performar e se mostrar talentoso e habilidoso na área em que você quiser. Se hoje você trabalha no que não gosta apenas porque tem talento e consegue ganhar dinheiro e se manter, saiba que, com o que foi passado aqui, você pode escolher o que de fato ama e aplicar os três passos para se tornar habilidoso, talentoso e ter grandes resultados.

Se eu pudesse dar um conselho realmente relevante para que você mude hoje seus resultados, eu diria: decida e se comprometa. Se você está lendo esta mensagem agora, é porque está frente a frente com uma das ferramentas mais poderosas: o conhecimento de grandes especialistas em suas áreas, trazendo tudo o que fizeram para chegarem onde estão. A partir de agora, só depende de você.

JORGE DE SÁ Após voltar de sua jornada como estudante atleta no exterior, onde conseguiu uma bolsa esportiva para e estudar na escola da marinha americana Admiral Farragut Academy na Flórida, iniciou um trabalho como ator, apresentador e comentarista de basquete nos canais Globo e SporTV. Com a vontade de multiplicar seu conhecimento e resultados acadêmicos e esportivos, Jorge fundou uma das maiores plataformas de desenvolvimento de jovens estudantes atletas, na qual é mentor de mais de 21 mil estudantes atletas, e conta com um setor exclusivo de conexão entre estudantes atletas, escolas e universidades do exterior chamado DCEI ESPORTE, com mais de quinhetas aprovações em instituições de ensino nos Estados Unidos, Europa e Canadá, e ultrapassou 8 milhões de reais distribuídos para estudantes atletas brasileiros em forma de bolsas de estudos.

Eu tenho total convicção de que nós não precisamos de talento para nada, e sim das ferramentas corretas para desenvolver as habilidades fundamentais para alcançar nossos objetivos, sejam eles quais forem.

O PODER DO COLETIVO
PARA ALCANÇAR RESULTADOS

© ALEXEY KLYKOV

Júnior Moraes

É comum as pessoas se queixarem da falta de oportunidade, o que é um problema real. Porém, tão ruim quanto isso, ou até pior, é quando a oportunidade é dada, mas falta profissionalismo. Ao longo da minha carreira como jogador de futebol, vi grandes atletas se distanciarem do seu sonho simplesmente por acharem que não precisavam se dedicar tanto e que o seu talento bastava.

Hoje, muitos deles estão frustrados e ainda vivem sem digerir que a oportunidade passou e não volta mais. Sobram sentimentos de injustiça, de impotência, a sensação de que o esforço foi em vão e o arrependimento por ter visto a oportunidade passar e de não estar preparado para ter sucesso.

Essas pessoas pensam que só o talento basta, não enxergam que toda preparação para o sucesso requer disciplina, foco e sacrifício.

Mas essas não são as únicas dificuldades para se construir uma carreira sólida, seja no futebol ou em qualquer outra área. A falta de pessoas capacitadas por perto para orientação e auxílio leva a uma sequência de más decisões que podem determinar diretamente o fracasso de uma trajetória profissional.

Outro fator é o desconhecimento ou o desinteresse por pessoas próximas no trabalho. Conhecer suas histórias, entender que elas têm culturas e experiências de vida diferentes e aprender a entendê-las é acessar uma riqueza humana sem igual.

Da mesma maneira, ter um relacionamento próximo com o seu líder é fundamental para saber o que ele valoriza e, assim, explorar essas características e se desenvolver pessoal e coletivamente.

A importância da liderança e do exemplo

Pessoas e até mesmo empresas não se desenvolvem nem chegam ao sucesso sem ter modelos a seguir, sem mentores ou líderes. É imprescindível manter relacionamentos com pessoas acima da média que o ajudem a chegar à sua melhor versão e a vislumbrar o extraordinário.

A maior habilidade de um líder é desenvolver habilidades extraordinárias em pessoas comuns.

Como diz o título do livro, pessoas precisam de pessoas. Na minha função dentro de campo, sou totalmente dependente de pessoas. Se a bola não chegar até a minha posição, eu não consigo marcar gols e não ajudo o time nem bato metas. É um trabalho em equipe, ninguém faz nada sozinho.

Por isso, o relacionamento e o diálogo entre a equipe são cruciais para que os companheiros de trabalho entendam minhas estratégias de movimentação para driblar os concorrentes, assim como eu entenda as deles. É assim que conseguimos atingir nossos objetivos e resultados acima da, e graças a movimentos em frações de segundos que são orquestrados de maneira harmoniosa durante os inúmeros treinamentos com os companheiros.

Entretanto, nada disso é possível de se desenvolver sem um líder que consiga transmitir toda a estratégia de jogo de uma maneira clara e positiva, para ser aceita por um grupo diverso de pessoas.

Perceba que todos esses conselhos eu dou a partir da minha vivência em campo, mas se aplicam a diversas áreas da vida, bem como em outros trabalhos e atividades.

A minha chegada no Shakhtar Donetsk, time da Ucrânia, foi um desafio enorme, principalmente porque eu estava saindo do seu maior rival. A minha aceitação no novo clube era incerta, tanto por parte dos torcedores quanto dos atletas do Shakhtar.

No entanto, eu já tinha um ótimo relacionamento com grande parte dos funcionários, então minha adaptação foi ótima e rápida. Com um grande líder (o treinador) e bom entrosamento com meus companheiros, logo

JÚNIOR MORAES Vem de uma família de atletas, pai e irmão jogadores de futebol profissional e mãe e irmã atletas amadoras. Com tantas influências, se tornou atleta e hoje joga como atacante pelo time Shakhtar Donetsk.

conseguimos realizar, dentro de campo, muitas combinações que deram excelentes resultados.

Estávamos sincronizados como um relógio suíço, líder e liderados em mesma sintonia. Isso resultou em títulos expressivos, e eu cheguei ao marco de brasileiro com maior número de gols na temporada de 2018 e 2019 em toda a Europa, disputando com atletas top 3 do país – Neymar, Roberto Firmino e Gabriel Jesus.

Viver de propósito, esse é meu conselho para os leitores. Mas não se acomodar e acreditar que basta a vontade e o talento para o seu sonho acontecer. É importante se rodear de pessoas competentes, colaborativas, trocar e aprender com elas, sem deixar de lado a disciplina e a persistência.

Até o despertar para levantar da cama é diferente quando se tem um porquê, quando e onde. Ter objetivos bem definidos não traz um caminho menos doloroso, mas o faz mais forte sabendo que o momento de turbulência é só uma fase que terá de atravessar até chegar ao lugar desejado. O novo mundo é construído com propósito e coletivamente. Vamos juntos?

> *A maior habilidade de um líder é desenvolver habilidades extraordinárias em pessoas comuns.*

COLOQUE-SE EM MOVIMENTO PARA REALIZAR SEUS SONHOS

© JUNIOR COSTA

Keyton Pedreira

Conheço uma quantidade enorme de pessoas, e aposto que você também, que dizem que não têm sorte na vida, que as pessoas são injustas com elas, que o mercado de trabalho não está preparado para suas habilidades especiais e muitas outras colocações que me deixam completamente indignado. Porém, existem muitos tipos de personalidade – se pensarmos no Eneagrama de personalidade, uma famosa ferramenta de autoconhecimento, são nove classificações: Perfeccionista, Prestativo, Bem-sucedido, Individualista, Observador, Questionador, Sonhador, Confrontador e Pacifista.

Meu objetivo não é encaixar você em nenhum desses perfis, mas libertá-lo do problema que lhe aflige há anos. Vou me atrever a sintetizar milhões de horas de estudos dos principais filósofos desses método em uma classificação binária muito simplista que elaborei. Na vida, sempre existirão dois grupos de pessoas: o dos **inertes** e o daqueles que estão **em movimento**.

Se você estiver no grupo dos inertes, lamento, mas dificilmente dará certo se não mudar seu mindset. Agora, se você estiver no grupo que está em movimento, suas chances aumentarão de modo considerável. No entanto, você necessita direcionar esse movimento para o rumo correto!

Os principais sentimentos que levam uma pessoa a fracassar na vida ou a não alcançar os resultados desejados são o medo e a vergonha.

O medo pode ser traduzido pela inércia, ou seja, está preso naquele lugar quentinho que qualquer ser vivo escolhe de maneira instintiva. Mas, como seres humanos, devemos nos desafiar a desbravar novas terras, navegar em mares nunca antes navegados e, só assim, conseguiremos realizar viradas reais e efetivas em nossa trajetória.

Já a vergonha pode ser entendida como algo que fere nosso orgulho, que é um dos principais defeitos do ser humano, ao lado do egoísmo.

141

Para que possamos de fato transformar nossas vidas, humildade e caridade são atitudes indispensáveis.

Para realizar uma virada na vida, primeiro você deve se libertar da vergonha, decidindo sempre dar o primeiro passo antes do que os outros. Começar por aquele emprego sem tanto glamour ou até mesmo trabalhar de graça para aprender uma profissão ou habilidade é um exemplo.

Para lidar com o medo, você deve enfrentá-lo de maneira responsável e consciente. Por exemplo, nada adianta se jogar no mar, mesmo com medo, se você não souber nadar. Lembre-se: você deve sempre se preparar para enfrentar seus medos.

O mundo não é mais para amadores. Ou você busca excelência em seu trabalho ou seu trabalho deixará de existir em muito pouco tempo!

No passado, qualquer empregado ou empreendedor que fizesse o mínimo necessário poderia esperar uma vida estável e uma aposentadoria tranquila, seja ficando trinta anos na mesma empresa ou tendo aquele modesto comércio de bairro. Nos dias atuais, para ter uma fonte de renda estável, você passará por ou fundará, no mínimo, meia dúzia de empresas. E quando você reduzir seu ritmo de trabalho, esqueça a aposentadoria, pois com o envelhecimento populacional, os sistemas públicos de previdência mundial suportarão apenas a subsistência das pessoas com mais de 70 anos. Você deverá ser capaz de suportar os custos de sua família e ainda ajudar familiares que não se planejaram para o futuro. Por isso, é fundamental ter direção em seu movimento para conseguir conquistar os seus objetivos e não se perder nos obstáculos do caminho.

Colocando o sonho em prática

A principal estratégia para atingir qualquer meta na vida pessoal ou profissional é conhecer esse objetivo. Se você perguntar para a maioria das pessoas o que falta para serem felizes ou realizadas, grande parte não saberá o que responder. Algumas ficarão divagando com respostas vagas ou subjetivas, sem expressar de maneira clara o seu desejo.

Por isso, vou apresentar um método para transformar seus sonhos em objetivos palpáveis e realizáveis. Os passos incluem estabelecer metas bem definidas, mensuráveis quantitativa e temporalmente. Ou seja, é necessário definir como chegará lá, sempre medindo os resultados e estabelecendo o tempo no qual você deseja atingir o seu objetivo. Vamos a eles:

1. **DEFINA O SEU OBJETIVO:** seja sincero e honesto consigo e defina um objetivo claro, por exemplo, poupar mais dinheiro, ser promovido, emagrecer, ter mais tempo para a família e assim por diante.
2. **QUANTIFIQUE O SEU OBJETIVO:** uma dica importante é mensurar cada progresso periodicamente para ter a clareza de que você está caminhando na direção certa. Por exemplo, poupar 1 milhão de reais, chegar ao cargo de diretor, perder 10 quilos ou dedicar um dia a mais da semana para a família.
3. **ESTABELEÇA UM PRAZO:** ele não pode ser agressivo demais para não o desestimular, porém, também não deve ser muito alongado sob pena de você relaxar e não atingir seu objetivo.

Realizando estes três passos, tenho convicção de que qualquer pessoa conseguirá realizar seu sonho.

Eu tinha 25 anos quando decidi realizar minha primeira incursão enquanto empreendedor. Mapeei o mercado, fechei com o cliente, fiz os investimentos necessários para suportar os primeiros seis meses do negócio e comecei a jornada. No início, a expectativa era enorme. Tratava-se de uma entidade com 100 mil sócios e eu venderia seguros e financiamentos para todo esse contingente de pessoas. Contudo, o tempo foi passando e eu não fechava nenhum negócio.

Pouco tempo depois, descobri com informações mais precisas que o cliente tinha 100 mil cadastros, e não sócios, e o tal cadastro era totalmente desatualizado. Rapidamente refiz toda a estratégia, dando o negócio por encerrado, e aceitei uma proposta para voltar ao mercado de trabalho como funcionário. Foram mais seis anos me preparando, definindo meu objetivo, estudando mais o mercado e realizando os investimentos necessários até abrir uma de nossas principais empresas do grupo, que hoje administra mais de 100 mil clientes na área de seguros.

Todas as dicas e soluções apresentadas neste livro, todos os conselhos que você já ouviu ou leu, bem como todos aqueles que ainda receberá em sua vida não terão qualquer valor se você não conseguir reunir dois elementos básicos: confiar no conselheiro e reconhecer o valor do conselho oferecido.

A confiança no conselheiro pode ser dividida entre as pessoas que gostam de você e as pessoas que possuem autoridade (resultados positivos) no assunto em questão. O valor do conselho oferecido virá de suas convicções pessoais e visão de mundo. A partir do momento em que você reunir estes dois elementos, chegará à parte mais difícil da jornada, que é aplicá-los em sua rotina.

Para que você consiga impactar positivamente sua vida e a de todos ao seu redor, terá de fazer um GRANDE esforço inicial. Coloco em letras maiúsculas, pois, acredite, não será fácil sair da inércia. E, depois, um esforço constante terá de ser empreendido.

Caso você desconsidere quaisquer desses passos, rapidamente estará de volta à sua zona de conforto. Mas, com certeza, nem eu nem você (assim espero!) estamos nesta vida para nos contentar com o mais ou menos.

KEYTON PEDREIRA É empreendedor, economista, corretor de seguros e advogado. Formado pela PUC-SP, tem Pós Graduação pela FGV-SP e MBA pela USP. Com mais de vinte anos de experiência no mercado financeiro, de seguros e de tecnologia, tem empreendido com sucesso em suas empresas que administram mais de 100 milhões de reais em benefícios e geram renda para mais de 2 mil pessoas por meio de marketing de indicação.

O mundo não é mais para amadores. Ou você busca excelência em seu trabalho ou seu trabalho deixará de existir em muito pouco tempo!

@keytonpedreira
KeytonPedreira

A SAÚDE QUE O
NOVO MUNDO PRECISA

© PAULO ROMÃO

Larissa
Lima

A pandemia trouxe consequências consideráveis à forma física e à saúde dos brasileiros. Mas, antes mesmo dessa fase, já era possível observar um crescimento assustador do sobrepeso e da obesidade no Brasil. A prevalência dessa doença crônica aumentou 72% nos últimos treze anos, atingindo 20,3% da população em 2019, segundo o Mapa da Obesidade da Associação Brasileira para o Estudo da Obesidade e da Síndrome Metabólica (Abeso).[1]

O excesso de peso gera consequências graves na saúde, como o aumento do risco para diabetes, hipertensão e câncer, além de reduzir a qualidade de vida das pessoas. Com a alteração do estilo de vida causado pelo momento difícil da pandemia, os pilares para uma vida saudável também foram prejudicados. A organização de uma alimentação equilibrada, a rotina de atividade física, o sono e a produtividade sofreram prejuízos, mesmo em quem já mantinha um estilo de vida saudável. Atrelado a isso, o aumento da ansiedade, do medo e do estresse tornaram-se gatilhos para uma alimentação desequilibrada e para o sedentarismo, que resultaram em consequências consideráveis no peso e na saúde dos brasileiros. De acordo com a pesquisa internacional *Diet & Health Under Covid-19* (Dieta e saúde na covid-19, em tradução livre), realizada com indivíduos de trinta países em todo o mundo, as pessoas do Brasil são as que mais engordaram na pandemia, com uma média de 6,5 quilos a mais.[2]

Diante do cenário de incerteza na pandemia, o medo e a ansiedade se instalaram na vida de todos. O maior problema é que esses sentimentos negativos, além de gerarem prejuízos na **saúde física**, também

---

[1] MAPA da obesidade. **ABESO**, 2019. Disponível em: https://abeso.org.br/obesidade-e-sindrome-metabolica/mapa-da-obesidade Acesso em: 17 dez. 2021.

[2] MACIEL, F.; DAMACENO, C. Brasileiros são os que mais ganharam peso durante a pandemia. **Ipsos**, 21 jan. 2021. Disponível em: https://www.ipsos.com/pt-br/brasileiros-sao-os-que-mais-ganharam-peso-durante-pandemia. Acesso em: 17 dez. 2021.

afetaram a **saúde mental e energética** das pessoas, levando-as a pensamentos e sentimentos de baixa energia de vibração.

Por um lado, é compreensível entender que diante dessa realidade em que uma grande parcela da população perdeu seus empregos, amigos e familiares, é quase impossível se sentir feliz e grato. Porém, por compreender os prejuízos que os pensamentos e sentimentos de baixa frequência trazem, sinto-me na obrigação de encorajar cada vez mais pessoas a aprenderem a lidar com as adversidades da vida com resiliência, amor e gratidão.

O poder da energia

Para entender por que muitas pessoas ganharam peso e passaram por dificuldades durante a pandemia de covid-19, em 2020, enquanto outras conseguiram se tornar mais saudáveis e prósperas, é importante compreender que tudo no universo é formado por uma energia que vibra em diferentes frequências, incluindo o nosso corpo. Então, se estamos ansiosos, nosso corpo vibra numa frequência de ansiedade, por outro lado, se estamos felizes, vibramos numa frequência de felicidade.

Esse campo de energia que ultrapassa o nosso corpo físico e atrai tudo para a nossa vida é proveniente do nosso campo elétrico (originado pelo nossos pensamentos) e do campo magnético (originado pelos sentimentos). Ele sintoniza pessoas, fatos e acontecimentos que estão vibrando nessa mesma frequência – é como se estivéssemos escolhendo uma estação de rádio e só é possível ouvir a música que está tocando na frequência sintonizada. Assim, eu considero que os principais motivos que verdadeiramente levaram tantas pessoas a ganhar peso e a prejudicar sua saúde foram os pensamentos e sentimentos liberados pelo campo eletromagnético diante das incertezas desmascaradas pelo vírus.

Precisamos entender que todo cuidado com a nossa saúde física, mental e energética começa dentro de nós mesmos.

É importante enfatizar que não estou dizendo que devemos negligenciar a gravidade da pandemia, mas acredito que é fortalecendo o nosso campo eletromagnético que nos blindamos contra doenças e que, se mais pessoas tivessem o mínimo de conhecimento sobre isso, elas se preocupariam em manter um estilo de vida mais saudável, ou seja, cuidariam do corpo e da mente para cultivar uma boa imunidade, e tornariam o pensar positivo e a predominância de sentimentos de amor, alegria e gratidão um hábito. Dessa maneira, é possível alcançar a paz, a saúde e o equilíbrio necessários para viver plenamente, mesmo que do lado de fora a situação seja de caos.

Esse é o tipo de saúde que o novo mundo precisa. Por isso, proponho uma maneira de desenvolver esse estilo de vida saudável que considera três aspectos principais. Faça isso todos os dias, várias vezes ao dia, se sentir necessidade:

1. **CORPO:** Mantenha o seu corpo físico saudável. Dê preferência ao consumo de alimentos naturais e reduza a quantidade de doces, ultraprocessados, gorduras ruins e refinados. Pratique exercícios físicos regularmente, pelo menos três vezes por semana. Pode ser uma dança, um esporte individual ou coletivo, o importante é estar em movimento. Hidrate-se e atente-se à qualidade das suas noites de sono. Manter um ritual noturno pode ajudar nisso – leia, tome um chá, diminua as luzes antes de ir para a cama e procure deitar-se e levantar-se no mesmo horário, com boas horas de descanso.

2. **MENTE:** Repita mentalmente ou em voz alta frases com afirmações positivas, por exemplo, "eu sou saudável", "eu sou capaz", "sou grato por cada dia da minha vida". Faça terapia para se autoconhecer e gerenciar melhor suas emoções. Crie o hábito de meditar, preste atenção na respiração e evite o excesso de notícias negativas no seu dia a dia.

3. **ENERGIA:** Alinhe sentimentos positivos ao pensamento positivo. Isso é fundamental para aumentar o seu campo eletromagnético e ter a saúde que o novo mundo precisa. Por incrível que pareça, muitas pessoas erram nesse ponto, principalmente quando, mesmo realizando afirmações positivas, não percebem que estão vibrando nos sentimentos de culpa, vitimização, tristeza e ansiedade. Portanto, pare alguns segundos para refletir sobre qual está sendo o sentimento predominante no seu dia e, se for negativo, procure ajustá-lo. Faça com mais frequência coisas que o deixem feliz. É por isso que a alimentação e o exercício físico também devem proporcionar felicidade, e não o sentimento de "fazer por obrigação".

Como sair do ciclo negativo

Eu assumo que, no começo da pandemia, me assustei com a quantidade de notícias negativas e cheguei a ficar com medo. Porém, isso durou pouco tempo. Por mais que eu tivesse empatia com tudo o que estava acontecendo no mundo e com o que as pessoas estavam passando, percebi que ver as notícias todos os dias me fazia muito mal. Então decidi, pelo meu próprio bem e pelo bem das pessoas ao meu redor, que atravessaria essa fase e toda a minha vida no "fantástico mundo da Lari". É um lugar que eu criei na minha cabeça onde apenas o amor, a felicidade e os bons pensamentos existem, onde as dificuldades se transformam em aprendizado e as minhas três saúdes são diariamente exercitadas. Eu não tenho como provar, mas acredito que foi justamente essa escolha que eu fiz no começo da pandemia que fez com que a minha saúde não fosse abalada e a minha empresa prosperasse mais a cada dia.

Eu espero que nada parecido com a pandemia de covid-19 aconteça novamente conosco. Porém, sempre existirão fatores externos que podem colocar a nossa saúde e a nossa vida em desarmonia. Cabe a nós escolher em qual mundo viver: se continuaremos na pandemia da ansiedade, da negatividade, do sedentarismo, do estresse e da alimentação desequilibrada, que há muito tempo vem colocando a nossa saúde em risco, ou se criaremos o nosso "fantástico mundo" e viveremos o resto das nossas vidas cuidando do que deve ser prioridade – a nossa saúde.

Eu já fiz a minha escolha e, de dentro do meu mundo, desejo que você sinta todo amor e gratidão que sinto por você, mesmo sem o conhecer, pois sei que estamos conectados por este livro. Independentemente da sua situação atual, desejo que essas palavras brotem como uma sementinha no seu coração a partir deste momento e ativem as suas três saúdes agora. Repita três vezes para você em voz alta:

– Eu sou física, mental e energeticamente saudável!

LARISSA LIMA É mentora de emagrecimento comportamental e fundadora do Instituto Brasileiro de Emagrecimento Comportamental.

Todo cuidado com a nossa saúde física, mental e energética começa dentro de nós mesmos.

📷 **institutoemagrece**
📷 **emagrecacomlari**
▶ **EmagrecimentoComportamental**

QUANTO VALE O SEU CONHECIMENTO?

© ALINE DUQUE

Mari Coelho

A maior dificuldade que vejo nas pessoas é a incerteza sobre o próprio valor. Se cada um soubesse o quão valioso é, o mundo seria um lugar diferente. Mas, por que isso acontece? A princípio, entender o seu valor pode parecer algo filosófico ou egocêntrico, porém, o que poucos sabem é que a falta desse entendimento é o que torna as pessoas egoístas.

O fato de você achar que o que sabe não é bom o suficiente o impede de compartilhar sua experiência com o mundo. Essa insegurança o torna egoísta.

O que para você é pouco, para outros pode ser muito. O que para você é simples, para outros pode ser a solução. Posso seguir dando exemplos infinitos, porém o que quero é fazê-lo enxergar que **você é único**. Talvez, nesse momento, você tenha pensado: *isso eu já sabia*, porém, de nada adianta ter consciência se você não faz nada a respeito. O aprendizado só existe de fato quando vem acompanhado de uma ação. Então, se eu perguntar o que você faz com o seu conhecimento e a sua resposta for "nada", pode ter certeza de que você ainda não sabe o seu verdadeiro valor.

Sou formada em matemática, pedagogia e psicopedagogia e, após dezesseis anos atuando na educação, decidi que queria fazer algo a mais na vida, pois sentia que poderia contribuir um pouco mais com o mundo, ainda que não compreendesse como o fazer. Apenas sabia que entendia de pessoas. Durante um tempo, de forma inconsciente, tentei me encaixar em um padrão e percebi que me frustrava por não caber em um "molde". Em meu processo de autoconhecimento, percebi que o fato de não me encaixar era exatamente o que me faria contribuir com o mundo. **Apesar de redundante, o diferencial é ser diferente.**

Comecei a observar como é incrível a maneira com que cada um realiza as coisas e identifiquei que o que realmente nos define são as nossas experiências. Percebi que, por meio da minha vivência, era capaz de pegar o conhecimento das pessoas e organizá-lo de maneira lógica para que pudesse ser registrado e replicado, seja em um curso, em um livro, em uma apostila ou no que fosse necessário. Afinal, se cada pessoa é única, o modo de compartilhar o que sabe também é. Os resultados foram imediatos, então, hoje estou aqui, contando para você que não importa o que você pense ou o que disseram que você podia ou não ser. Você é capaz de muito mais! E o mundo precisa saber quem você é e o conhecimento que detém.

==A singularidade é tão valiosa e preciosa que precisa ser compartilhada com o mundo.== Para isso, é necessário registrar o conhecimento. Toda sua vivência e experiência permitiram que chegasse aonde está hoje. Seus sucessos e fracassos formam a sua história e possuem um valor inestimável. Pense: quantas pessoas conhece que fazem O QUE você faz? Talvez duas, três ou milhares. Mas, agora, responda: quantas você conhece que fazem COMO você faz? De alguma maneira, você pegou um pouco de cada lugar por onde passou, juntou e criou o seu modo de fazer. É isso que você precisa compartilhar, pois seu modo de realizar é único.

==Cada pessoa é um método, e cada coisa que você realiza é uma metodologia.== Porém, dificilmente as pessoas conseguem enxergar isso em si mesmas. Seja por insegurança ou incerteza, parece que nunca estão prontas ou não se acham boas o suficiente para ensinar. ==A questão é que não percebem que ensinam o tempo todo.== E você não ensina como aprendeu. Na verdade, ensina do modo como você faz.

Vejamos um exemplo: você aprendeu a fazer o bolo de fubá da sua avó, aquele fofinho e cremoso ao mesmo tempo. Ela ensinou como fazer e os truques da receita. Após muito tempo recriando esse bolo, você, de alguma maneira, alterou aquilo. Talvez não peneire mais a farinha como a sua avó fazia ou perceba que bater as claras em neve não faz tanta diferença assim. Na verdade, com o tempo, você criou um novo formato que funciona para você.

Tudo o que você realiza, depois de um tempo, é feito intuitivamente. É a famosa rotina, quando se cria o hábito. E esse desenvolvimento é um método. O problema é que você realiza a maior parte das coisas sem perceber e isso dificulta enxergar metodologia no que faz.

Conseguiu seguir uma dieta? Treina todos os dias? Consegue acordar cedo? Guarda o conteúdo dos livros que lê? Sabe se relacionar bem com as pessoas? Não tem vergonha de falar em público? É cativante? Cozinha bem? Passa facilmente em concursos? Fundou uma empresa de sucesso?

Esses são alguns exemplos de metodologias que as pessoas criam o tempo todo e não percebem.

Seu método pode ser grandioso e revolucionário ou pode ser simples e óbvio, mas a verdade é que isso tudo é relativo, depende do ponto de vista. Para você, pode ser simples acordar às 5 horas da manhã, fazer uma atividade física e depois ir trabalhar, mas, ao mostrar isso para alguém que é sedentário e acorda ao meio-dia, com certeza será considerado alguém disciplinado, motivado e realizador.

Nada é tão bom que não se possa melhorar e nem tão ruim que não se possa ensinar. Essa frase mostra claramente a dificuldade que as pessoas têm em compartilhar seu conhecimento. Elas ficam presas na busca pela perfeição, e paralisam na hora de agir. Porém, se esquecem de que nunca estará bom o suficiente e, por mais simples que pareça, sempre haverá algo a contribuir.

Na busca pela perfeição, a ação perde a vez, mas é preciso agir para aperfeiçoar. Por isso, foque apenas em compartilhar o que sabe, da maneira que sabe e como consegue. Não queira criar nada mirabolante, o mundo não precisa de soluções incríveis, ele precisa apenas de soluções reais. Para isso, você não precisa "criar" algo, basta documentar o que faz.

Documente sua metodologia e compartilhe seu conhecimento

Para elaborar sua metodologia é simples: você não cria, mas documenta. Será necessário observar os passos e, de algum modo, padronizar processos.

Primeiro, escolha o que quer ensinar. Suponhamos que você seja o dono de uma empresa e esteja treinando os seus funcionários para atenderem melhor seus clientes. Para ensinar a eles como fazer isso de maneira eficaz, precisa observar sua própria metodologia de atendimento. Preste atenção na forma COMO você realiza essa ação. Depois escolha um cliente e documente tudo o que fez durante o atendimento, desde a abordagem, o desenvolvimento da conversa até a conclusão. Caso tenha uma etapa pós-atendimento, registre-a também. É muito importante documentar exatamente COMO e em que ordem você realiza cada etapa.

Em resumo, para metodizar seu conhecimento, é simples:

1. Escolha o que será ensinado;
2. Observe como você realiza aquilo;

3. Documente a maneira que você faz;
4. Passe adiante para ser replicado.

Esse processo funciona tanto para criar sua própria metodologia quanto para aperfeiçoar algo que já existe. Caso necessário, repita o processo, seguindo a ordem das etapas, pois, para conseguir passar adiante o que sabe, aquilo precisa estar claro para você. Após essa repetição, você está pronto para ensinar. Estamos o tempo todo aprendendo e ensinando, isso é essencial na vida do ser humano. Quando você consegue ensinar a sua própria metodologia, está escalando o seu conhecimento e, automaticamente, está apto a monetizá-lo.

Se estudarmos a história de pessoas influentes do mundo, seja pelo dinheiro ou por qualquer outro motivo, veremos algo em comum: elas monetizaram o conhecimento. O valor da singularidade é tão grande que se torna inestimável. Quando você entende que tudo o que faz é um método e que ser você é ser sua própria metodologia, desprende-se de crenças limitantes e cria seus próprios padrões.

Faça da sua vida um slogan de sucesso. O mundo precisa de pessoas como você, de experiências reais. As pessoas querem saber COMO você faz e QUAL é o seu segredo. O mundo precisa saber da simplicidade das suas realizações e dos desafios que enfrentou. As pessoas precisam de inspiração, de processos que funcionam e de exemplos reais. Elas precisam saber dos seus erros e das suas dificuldades.

Compartilhar sua história e sua vivência é mostrar um pedaço seu que pode funcionar para alguém, é liberar espaço para algo novo entrar. As pessoas querem aprender umas com as outras, por isso, não seja egoísta, divida experiências e informações. Entenda o seu valor e veja a metodologia que existe no seu ser. Metodize o seu conhecimento. A história do mundo já foi escrita, mas ela continua a acontecer, portanto, reflita: qual contribuição virá de você?

MARI COELHO Formada em Matemática, Pedagogia e Psicopedagogia, Mariana Coelho utiliza sua habilidade em exatas e sua paixão em humanas para mostrar a importância de cada um compartilhar sua experiência. Ajuda pessoas a registrarem sua história, e defende fielmente a linha de que todos têm algo a contribuir e muito a ensinar. Especialista em didática com dezesseis anos de resultados na educação, seu objetivo é mostrar às pessoas a importância de registrar suas conquistas e transformar cada uma em um novo método.

O fato de você achar que o que sabe não é bom o suficiente o impede de compartilhar sua experiência com o mundo. Essa insegurança o torna egoísta.

24

CONHEÇA OS SEGREDOS
DA MENTE PARA CRIAR
EQUIPES VENCEDORAS

© FERNANDA VATER

Michael Arruda

Todo empreendedor, em algum momento, já enfrentou dificuldades para fazer com que outras pessoas se engajem com o seu negócio. Esse problema se torna especialmente crítico quando atinge os colaboradores, afinal, eles também são responsáveis por fazer a empresa crescer. Eu mesmo passei por essa dificuldade.

Quando comecei meus estudos sobre hipnose e mente humana, aos 13 anos, decidi que dedicaria minha vida a ajudar pessoas a resolverem problemas emocionais que, até então, eu achava que só influenciavam os indivíduos isoladamente. Mas, quando passei a ter minha própria empresa, essa percepção mudou. Antes de chegar nos primeiros dez colaboradores, parecia simples crescer. Bastava contratar as pessoas certas para as posições certas. Às vezes, eu tinha problemas pontuais com funcionários, como o fato de perderem o foco por conta de problemas pessoais, de saúde etc. Isso custava dinheiro, mas eu achava normal.

Porém, quando a equipe alcançou dez pessoas, começaram problemas que só quem é empresário entende. Além de colaboradores estressados e ansiosos, começaram a aparecer insatisfação, indisciplina, falta de foco e de resultado. Num primeiro momento, achei que o problema era má contratação. Demiti quase todo mundo e comecei um time novo, praticamente do zero.

Para minha surpresa, ao chegar a um número próximo de quinze colaboradores, outra vez os problemas surgiram. Equipe sem engajamento, sem foco, o que trazia muito custo e pouca entrega. Como bom empreendedor, busquei me capacitar para lidar com os desafios. No entanto, percebi que, mesmo estudando técnicas de gestão com foco na cultura corporativa, na prática, nada mostrava o centro do problema ou como o resolver de maneira assertiva.

Nessa hora, não tem jeito: somos invadidos por vários sentimentos. Frustração, por treinar o colaborador e, de repente, o ver sem performance por um problema emocional. Desmotivação, por dar o sangue pelo negócio, mas perceber que o time não consegue ter o mesmo empenho, muitas vezes por questões pessoais e psicológicas. Enfim, tudo resulta em uma sensação de incapacidade, pois buscamos dar o nosso melhor pelos funcionários, mas não conseguimos ajudar a resolver problemas comuns do ambiente de trabalho.

O meu desejo era entender o que se passa na cabeça dos colaboradores e saber como blindar suas mentes contra a ansiedade, estresse e desmotivação e, então, instalar lá dentro foco, motivação e uma cultura forte.

O "X" da questão

Quando alguém começa a empreender e a montar um time, percebe que não basta ter conhecimento técnico. É necessário também entender de gestão e de pessoas. Só que a maioria dos conteúdos dos cursos sobre esses temas exploram apenas pontos superficiais. Na prática, os empreendedores gastam muito mais tempo e dinheiro para resolver questões de desempenho que atrapalham a cultura corporativa.

Dois motivos principais fazem com que os empresários tenham dificuldades para solucionar esses problemas:
- Eles nunca aprenderam como a mente funciona, então, não sabem lidar com a mente das emoções – o subconsciente – dos colaboradores;
- Eles não entendem de técnicas que afetam diretamente o subconsciente.

Os líderes que possuem um time com alto desempenho e engajado na cultura corporativa entendem sobre como lidar com a mente e como atingir suas partes mais profundas.

Uma empresa é um conjunto de pessoas com suas particularidades. O resultado do time é diretamente proporcional à maneira com que o líder lida com a mente e com as emoções de cada um. Quanto melhor estiver a saúde mental e as emoções de cada pessoa de uma empresa, mais fácil será a construção de uma boa cultura, menor será o número de demissões e de afastamento por doenças e maior será a produtividade. Enfim, maior o lucro final e o impacto que a empresa causará nos clientes.

Eliminando barreiras que atrapalham o desempenho

Michael Arruda

Como empreendedor e estudioso da mente humana, percebi que essas habilidades eram complementares e consegui unir esses dois conhecimentos para criar um método que me ajudasse na gestão de pessoas do meu negócio. Compartilho com você, leitor, um passo a passo que também pode ajudá-lo:

1. **COMPREENSÃO PROFUNDA DO SER HUMANO**

   Existe a mente consciente, responsável por apenas 5% da atividade cerebral. É onde estão o pensamento e as vontades superficiais das pessoas. Aqui também está a força de vontade, que nos impulsiona a fazer aquilo de que não gostamos, mas precisamos fazer. No entanto, estudos mostram que a força de vontade é limitada e, por mais motivados que estejamos em uma função, se as atividades não estiverem alinhadas com as necessidades da mente subconsciente, é questão de tempo para ficarmos desanimados ou doentes com o trabalho.

   Já a mente subconsciente é onde estão crenças, hábitos, medos, traumas e necessidades reais. Essa parte é responsável por 95% de quem nós somos, ou seja, somos controlados por ela mesmo quando achamos que estamos no controle. É aqui que está "escrito" se o colaborador, ao receber uma demanda de trabalho, vai se motivar, se estressar, ficar ansioso, falar mal da empresa ou desenvolver Burnout.

2. **TRABALHAR O SUBCONSCIENTE DOS COLABORADORES COMO EQUIPE**

   Algumas maneiras de atingir o subconsciente são hipnose, exercícios de visualização e afirmações positivas. Uma boa dica é, uma vez por semana, fazer uma palestra para toda equipe, com algum conteúdo motivacional relacionado aos valores da empresa. Além disso, é interessante disponibilizar conteúdos sobre como a mente e as emoções funcionam e como lidar melhor com elas, para que cada um busque seu aprimoramento pessoal.

3. **RESOLVER PROBLEMAS INDIVIDUAIS NA CAUSA**

   Quando um colaborador está com algum problema emocional, o melhor modo de resolver é ir ao subconsciente e tratar a questão. Uma maneira conhecida de trabalhar o subconsciente é por meio da psicoterapia, que pode demorar meses para dar resultado, afetando a competitividade da empresa. Uma alternativa que tem sido utilizada no mundo corporativo é a hipnoterapia – terapia com hipnose –, feita coletiva ou individualmente. A principal vantagem é que, na maioria das vezes, apenas uma sessão de poucas horas basta para resolver a questão. Para isso, é necessário um profissional especializado, e saiba que o custo é muito menor do que o prejuízo causado por um eventual afastamento do colaborador.

Saúde mental virou assunto de trabalho na pandemia

Só o fato de demonstrarmos entender que ninguém tem controle sobre as próprias emoções, que ninguém fica ansioso, procrastina ou se torna improdutivo porque quer, já aumenta drasticamente o nível de confiança e abertura que os colaboradores têm com as lideranças. Assim, eles podem pedir ajuda antes de o problema se alastrar, sabendo que não serão julgados, mas compreendidos e acolhidos.

A pandemia destacou a importância de falarmos sobre saúde mental no trabalho. Muitas pessoas ficaram inseguras em relação ao emprego, ansiosas pelas mudanças rápidas e, mais do que nunca, precisando de compreensão e direcionamento dos seus líderes.

Eu sei que falar de hipnoterapia no meio corporativo pode parecer estranho. O tema está envolto em mitos e preconceitos por causa de desenhos animados e filmes antigos. Porém, a hipnose é apenas um processo para a mente absorver sugestões. Todos os dias somos hipnotizados, sem saber, pela mídia, por pessoas negativas e por nós mesmos, com pensamentos que não controlamos. Entender a hipnose é entender como a mente humana funciona nas relações do dia a dia. Se o líder levar o assunto aos colaboradores, a aceitação será ótima, pois rapidamente eles perceberão o quanto podem ser ajudados e desenvolvidos.

Se você ainda está em dúvida, digo que esse método transformou a minha empresa. Além da aplicação coletiva, o processo pode ser ainda mais eficaz

MICHAEL ARRUDA É autor do best-seller *Desbloqueie o poder da sua mente*, hipnoterapeuta e presidente e fundador da OMNI Brasil, maior centro de formação em hipnoterapia do país. O autor é o principal responsável pela profissionalização e propagação do tema no Brasil, e já ultrapassou 4 milhões de livros vendidos.

quando realizado individualmente. Tenho um caso que ilustra bem isso: quando já estávamos com um clima excelente no time, com todos dando o seu melhor, um colaborador que sempre foi excelente começou a ter uma performance muito abaixo da média, agindo de maneira indisciplinada e negligente, algo incompatível com os nossos valores.

> **Os líderes que possuem um time com alto desempenho e engajado na cultura corporativa entendem sobre como lidar com a mente e como atingir suas partes mais profundas.**

Se fosse antes do meu conhecimento da mente e da hipnoterapia, não haveria outra saída senão demiti-lo. Eu tinha gastado tempo e dinheiro para torná-lo excelente, mas o prejuízo e a influência negativa na equipe não podiam continuar. Ofereci a ele um processo de hipnoterapia para descobrir a causa do problema e ele aceitou. Na sessão, descobrimos um trauma de infância que não foi tratado. Dias depois, ele estava muito melhor do que antes, mais produtivo, focado e, principalmente, grato.

A tecnologia tem proporcionado às empresas maior acesso à informação e agilidade para mudanças. Por outro lado, isso aumenta a pressão e, muitas vezes, a insegurança dos colaboradores. O resultado é mais preocupação, estresse, ansiedade e afastamentos do trabalho. Esses efeitos colaterais crescem porque o mundo está evoluindo e aplicando só um lado do conhecimento, mas ignorando o do ser humano. Ou seja, estamos ganhando de um lado e perdendo do outro.

O mundo precisa de líderes que entendam tanto de pessoas quanto buscam entender as inovações e as novas dinâmicas de trabalho. O primeiro passo é o autoconhecimento para, em seguida, transmitir e usar isso para melhorar a satisfação da equipe. Um time mais feliz gera mais resultado. E o melhor modo de estimular a felicidade dos seus colaboradores e de criar empresas para o novo mundo é entender a mente e como influenciá-la da melhor maneira.

@michaelarruda
@omnibrasil

REFAÇA SUAS ESCOLHAS PARA ENCONTRAR SEU PROPÓSITO

© IVY JANNIBELLI

Paula Abreu

A pessoa que ainda não encontrou seu propósito ouve uma voz insistente dentro dela dizendo que a vida não pode ser só isso. E aí, em geral, começa um grande equívoco: ela passa a acreditar que essa voz a está empurrando na direção do próximo carro, da próxima bolsa cara, de uma viagem, de um novo emprego. Ela dirige para o trabalho pela orla, absolutamente indignada com as pessoas na praia, em pleno dia útil, às 8 horas da manhã, e se pergunta *Essa gente não trabalha?* – cariocas me entenderão. E segue cumprindo tudo o que a mitologia social espera delas: faculdade, casa própria, casamento, filhos, estabilidade e segurança no emprego, uma carreira sólida, trabalhar duro para ter dinheiro e sucesso. Para, então, se dar conta, frustrada, de que chegou no topo da escada, mas escorou essa escada na parede errada.

Essa pessoa empurra os planos de vida e os sonhos para o futuro porque tem a falsa sensação de que é garantido que terá pelo menos mais vinte anos pela frente, que terá a mesma saúde que tem hoje, que a vida será mais tranquila depois. Nesse otimismo de um futuro perfeito, se sujeita a viver uma realidade insuportável hoje, na esperança de encontrar seu propósito daqui a um certo tempo, e vai colocando marcos fictícios, como "quando se aposentar" ou "quando os filhos saírem de casa". Isso gera um sentimento de incongruência entre quem ela é e quem ela sente que deveria ser.

O motivo de ficar empacada nesse limbo, esperando um dia distante no futuro em que finalmente será feliz, é porque não sabe exatamente o "como": como viver de fazer o que ama? Como fazer dinheiro de uma maneira diferente da que faz hoje? Como construir o seu sonho? Outro motivo de estagnação é o medo do fracasso: e se der tudo errado? E se eu trocar o certo pelo duvidoso e perder tudo? Mas, acredite, o próximo passo e os resultados só costumam aparecer depois que entramos em ação. Dá o passo que o universo bota o chão embaixo.

Como dizia Goethe,[1] quando você se compromete, a Providência se compromete junto e, aí sim, começam a aparecer as "coincidências", as pessoas, os projetos, as ideias, as informações de que precisa para saber qual é o próximo passo. Tudo o que é verdadeiramente importante na vida requer um salto de fé.

Quando eu mesma estava empacada, considerando se devia ou não abandonar minha carreira de advogada para tentar viver da escrita, foram duas perguntas do autor e empresário americano Tim Ferriss que me ajudaram a gerar a clareza necessária para tomar minha decisão.

A primeira pergunta foi: **se tudo que puder dar errado der errado, qual é o pior cenário que pode acontecer?**

Eu morria de medo de abandonar o Direito, mas nunca tinha parado para encarar meu medo de frente. E o medo se alimenta do desconhecido. Então, no momento em que me fiz essa pergunta e vi que o pior cenário era apenas a minha reserva financeira acabar e eu ter de voltar a advogar ou me mudar para o interior do nordeste com meu filho e viver uma vida bem simples, meu medo imediatamente começou a se dissipar.

A segunda pergunta foi: **se tudo der errado, quanto tempo demoraria para você se recuperar?**

Incrivelmente, meu período de recuperação seria curto, apenas o tempo de entrar em contato com algumas pessoas e fazer algumas entrevistas. Descobri que eu tinha adiado aquela decisão por mais de dez anos por medo, tudo porque vinha me fazendo as perguntas erradas.

Com base nas minhas respostas às perguntas do Tim Ferriss, eu resolvi abandonar o Direito e viver dos meus livros. Mas quando damos o primeiro passo, descobrimos que os planos de Deus são diferentes – e, na maioria das vezes, bem maiores do que os nossos. Meus leitores começaram a me pedir para ser coach, e eu me abri para aprender algo que não estava nos meus planos inicialmente.

---

[1] GOETHE, J. No momento em que nos comprometemos... **Pensador**, 2005-2021. Disponível em: https://www.pensador.com/frase/MzUwMjk/. Acesso em: 17 dez. 2021.

PAULA ABREU É escritora best-seller e uma das coaches e treinadoras de desenvolvimento pessoal mais seguidas no Brasil e reconhecida internacionalmente. Pioneira na educação on-line no país, seus vídeos no YouTube já foram assistidos mais de 7 milhões de vezes.

Dá o passo que o universo põe o chão embaixo.

Depois, outros leitores me pediram para ensinar marketing, porque eu estava conseguindo clientes de coaching apenas escrevendo um blog. E, para encurtar uma longa história, acabei me tornando pioneira na educação on-line no Brasil, sendo a primeira mulher no país a ter feito um lançamento de sete dígitos (mais de 1 milhão de reais) em sete dias. Detalhe: apenas três anos após o início da minha transição de carreira!

Ouço muita gente se lamentar diante dos atuais problemas e crises no planeta, dizendo coisas como "é o fim do mundo". Acredito que não é o fim do mundo, mas o fim do mundo como o conhecemos. O recomeço de uma nova realidade, na qual teremos novos sistemas – de educação, financeiro, judiciário etc. –, e todos nós estamos sendo convidados, ou melhor, recrutados para fazermos parte dessa reconstrução.

Para isso, podemos escolher reencarnar no mesmo CPF, como eu fiz: refazer todas as escolhas de vida equivocadas para, finalmente, escolher viver o nosso propósito. Ser quem nascemos para ser. Não espere vinte anos para ser você e realizar o trabalho que veio aqui para fazer. Aproprie-se da sua missão de vida e mãos à obra!

21

RECONHEÇA E CONTROLE SEUS SENTIMENTOS PARA FAZER DELES O SEU COMBUSTÍVEL PARA AGIR

© ARQUIVO PESSOAL

Raul Sena

27

Muito cedo eu quis ser uma pessoa independente, e logo conquistei esse objetivo quando percebi que o que vivemos e sentimos tem toda influência na nossa realidade. Essa percepção já ajudou muitas pessoas e pode ser um problema para quem não consegue captar o que isso significa.

Comecei minha carreira muito cedo, aos 14 anos, e já tive diversas experiências profissionais mesmo com apenas 28 anos. Consegui construir muitas coisas que pessoas com o triplo da minha idade nem vislumbram. O que me ajudou desde sempre, e que eu acho que é um problema para a maioria das pessoas, é a dificuldade de ver a importância de ter autonomia e de reconhecer e controlar seus sentimentos, usando-os a favor de seus objetivos.

Tenho muitas experiências profissionais que poderiam ilustrar essas duas questões, mas o começo da minha história e como descobri isso tem mais relevância. Inclusive, considero o momento mais decisivo da minha vida, foi o que mudou toda a minha jornada.

Quando entramos na fase adulta e assumimos nossa independência, deparamo-nos com algumas situações e emoções que podem ser um grande combustível para a nossa ação, assim como podem nos paralisar.

Falo isso porque muitos, de fato, paralisam diante do que foge do planejado. Paralisam frente às adversidades, às responsabilidades, à raiva e até ao amor. Isso os impede de agir de forma enérgica e efetiva, porque não identificam as maneiras de canalizar esse sentimento de modo eficiente.

Eu tive o privilégio de perceber que dava para usar essas coisas de modo construtivo. Tudo começou quando eu fui diagnosticado com Transtorno do Déficit de Atenção com Hiperatividade (TDAH) ainda na infância, e meus pais conduziram minha vida de maneira muito estratégica para alguém com esse transtorno: tratando-me com absoluta normalidade e jamais enxergando que isso era uma sentença.

Eu sempre fui uma criança com muita energia, sabia que tinha um raciocínio rápido, mas dispersava facilmente, como é comum em quem tem o TDAH. Cresci ouvindo muitos falarem que eu era um gênio, só que meus pais nunca me deixaram acreditar nessa ideia. Fizeram-me ver que eu era só um menino normal, com dificuldades que todo mundo pode ter na vida, e que eu precisava lidar com isso.

A escola era um ambiente chato, eu tinha muita facilidade para algumas matérias e ficava constantemente entediado. Minha mãe era convocada com frequência por conta do meu comportamento nada padrão até que, por volta dos meus 14 ou 15 anos, ela desistiu de se importar com isso. Avisou que era para tratarem dos meus problemas escolares direto comigo. E eu assumi essa responsabilidade. Só que não foi tão fácil como parece. É aquela frase "a coroa pesa na cabeça de quem decide". Não mais levei problemas escolares para casa, mas também não tive meus pais como escudo.

A maioria das pessoas não percebe o valor disso, de sair da zona de conforto dos pais e ter autonomia. E logo vem a segunda questão, a necessidade de ter de lidar sozinho com os problemas e emoções decorrentes de ter a gerência da própria realidade.

Canalize suas emoções negativas

A raiva é um sentimento poderoso. Cientificamente, é comprovado que até os hormônios que ela libera conseguem potencializar as reações das pessoas. O perigo é que essas sensações, por terem esse impacto tão forte nas nossas emoções, se fixam na nossa memória de maneira impressionante.

Para alguns, isso pode ser um eterno ímã para o fundo do poço. Uma insegurança que cresce a cada novo desafio e que, como eu disse, paralisa. Para outros, se bem conduzida, essa raiva pode ser um impulso. Pode ser a concentração de toda força e potencial que alguém tem dentro de si para vencer qualquer obstáculo, a começar pela própria mente. Para isso, é preciso fortalecer o nosso racional e usar a emoção a nosso favor.

Ninguém vive só do que gosta e nada chega sem sacrifício ou dificuldade. Nem sempre seremos movidos por amor, por prazer. Quase tudo que vale a pena nessa vida precisa que esforços sejam feitos. Alguns vão na força do ódio.

E, a meu ver, esses costumam ser mais rápidos e eficazes do que com outras estratégias.

As pessoas não sabem lidar com a pressão e nem com as dificuldades. Somos ensinados que a raiva, que é uma emoção normal do ser humano, é errada e deve ser contida a qualquer preço. Assim, falta autoconhecimento da própria vida, de si mesmo e um direcionamento do que sentimos.

O ódio, quando bem canalizado, pode ser um gatilho que nos desafia a ir além, que nos alavanca. Somos subestimados, incomodados, vemo-nos a todo tempo diante de um mundo de chateações. O que podemos fazer? Encolher frente ao que nos irrita? Culpar o mundo, os outros, a posteridade, a ancestralidade? Eu prefiro aceitar o ódio como nato da humanidade e canalizar essa sensação avassaladora para me levar aonde quero e me tirar de onde estou.

Qualquer um, ao encher-se de ódio, é capaz de se fortalecer em vários sentidos. Tudo o que se odiar será uma fonte a mais para suas possibilidades e, com isso, há um ganho comprovado de força e resistência, além de vigor e regeneração maiores, o que faz com que o potencial de fortalecimento seja absurdamente grande.

Já reparou que uma pessoa com muita raiva geralmente não consegue ficar sentada, parada? Isso ocorre porque o ódio tem a ver com movimento. E a vida também.

Só o ódio constrói. Essa é uma frase que digo e que sempre recomendo às pessoas refletirem sobre. Até porque, apesar desse aspecto destrutivo do ódio que todos falam e até temem, o ódio é o maior combustível da ação, pois nos faz reagir, nos obriga a sair da inércia para uma necessária tomada de posição combativa diante dos fatos que não nos agradam.

O poder mobilizador da raiva, evidentemente controlada e bem canalizada, transforma todas as situações que envolvem embates e que são inerentes à vida, ativando um senso de luta, que, de fato, está inserido em cada um de nós.

Desde criança, aprendemos que o ódio é um sentimento extremamente negativo, prejudicial e que devemos evitá-lo, eliminá-lo de nossos corações e mentes. Mas a verdade é que, em muitos momentos da vida, por mais que tentemos fugir do ódio, ele aparece.

Os pacifistas e puritanos que me desculpem, mas o ódio bem direcionado traz uma força descomunal e absurda, como nada mais é capaz de fazer, e nos permite realmente mover montanhas a nosso favor. Ele é o mais forte dos sentimentos da condição humana.

Todas as pessoas que admiramos e que se destacaram na vida passaram por dificuldades e conseguiram vencer direcionando devidamente o ódio para construir suas conquistas. Mas perceba que esse sentimento foi dirigido a situações e não a indivíduos.

Mudar a visão que temos do ódio é primordial. Ninguém pode negar que ele é um motor potente e construtivo. Se usado corretamente, pode nos fazer avançar. Podemos nos permitir senti-lo e, assim, tentar trabalhar mais, estudar mais, assumir escolhas e eliminar do caminho tudo o que nos enfraquece.

Na escola, tive um professor de matemática que criticou meu jeito e disse que eu nunca seria nada na vida. Essa frase deveria ter me desmotivado. Talvez fosse esse o propósito. Só que me fez disparar. Anos depois, tive a oportunidade de reencontrar esse professor. Na época, eu já era diretor de um jornal, e ele foi até lá em busca de um favor. Queria que o veículo divulgasse uma olimpíada de matemática. Ele chegou e pediu para falar com o senhor Raul. Quando me viu — eu tinha por volta de 18 anos —, ele reforçou que queria falar com o Raul pai, que não existia, pois meu pai se chama Carlos. Ele não conseguia acreditar que o senhor Raul era eu mesmo e de que, eu não só tinha me tornado muita coisa na vida, como era, naquele momento, alguém de quem ele precisava.

Eu tive raiva dele um dia. Tive raiva em muitas outras situações, afinal, a raiva é um sentimento comum aos seres humanos. Eu poderia ter focado em culpar os outros e as situações. Escolhi sentir a raiva, porém decidi concentrá-la não em pessoas, mas em objetivos.

Aprendi a transformar o ódio que me perturbava em combustível para a ação, e chamei de "a força do ódio". Já enfrentei outros cenários desafiadores, muitos em que me senti forçado a não fazer nada, mas felizmente escolhi fazer. E posso dizer que ser alguém com TDAH, ter lidado com pessoas difíceis, ter perdido pessoas importantes para mim, entre outras situações desafiadoras, me deixaram com muita raiva e isso foi sempre um empurrão.

RAUL SENA É especialista em investimentos, empreendedor, youtuber, fundador do Investidor Sardinha, grupo de educação financeira e um dos maiores portais de investimentos do Brasil, e criador do curso online de investimentos A Única Verdade Possível.

O ódio construiu praticamente tudo o que tenho. Foi o que me motivou. Não atribuo nada em meu crescimento pessoal e profissional à zona de conforto ou a qualquer sensação agradável que veio antes do meu desempenho.

O foco aqui é entender que não são as pessoas que se atrapalham, e sim o direcionamento incorreto dos nossos sentimentos, a negação de que o sentir faz parte do ser humano e que há uma forte energia naquilo que focamos. Ninguém passa pela vida sem encarar uma infinidade de momentos terríveis, de dores, de angústias.

Todo mundo passa raiva, até mesmo quem não faz nada na vida. Quem ousa ser grande passará ainda mais, porque estará mais exposto às críticas e ao julgamento das pessoas. É o preço para alcançar um propósito. Encarar o processo. Encarar o problema. Encarar o que a sentimos frente ao que nos ocorre.

Portanto, se você for traído, subestimado, humilhado, rejeitado, se duvidarem de você ou o deixarem sozinho em um momento doloroso ou de desespero, sinta seu ódio, pois inevitavelmente ele há de aparecer. Mas não odeie as pessoas por isso, para não ficar preso num ciclo negativo. Odeie a situação, comprometa-se consigo a nunca mais passar por tal contexto.

Prove a si mesmo que você não acredita no que dizem, que o que fazem não o pode limitar. Qualquer situação desafiadora que nos aconteça é capaz de nos gerar uma revolta no primeiro momento, mas depois pode nos transformar em uma pessoa de valor. Não queira se vingar perdendo tempo com quem que não o ajuda em seu crescimento. Aceite que ninguém cresce sem sofrimento e que esse sofrimento, somado ao ódio que nasce dele, é o combustível que pode levar você aonde vento fresco nenhum seria capaz.

> **Qualquer situação desafiadora que nos aconteça é capaz de nos gerar uma revolta no primeiro momento, mas depois pode nos transformar em uma pessoa de valor.**

COMO CONSTRUIR NEGÓCIOS
EXPONENCIAIS POR MEIO DA PAIXÃO

© EDU CARVALHO

Renata Spallicci

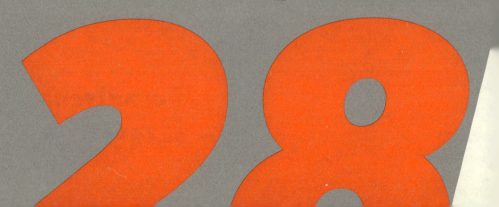

Nos encontros em que ofereço mentoria a empreendedores e executivos, tenho observado uma situação recorrente: o negócio se desenvolveu, prosperou, mas a empresa está em um momento de decisão tal que precisa de uma estrutura mais robusta para continuar a crescer exponencialmente. É o momento de tornar o negócio menos dependente do fundador – tanto em relação à imagem, muitas vezes demasiada ligada à sua figura, quanto do ponto de vista operacional, com processos sólidos e um organograma parrudo. Dessa forma, promovendo maior autonomia da equipe, é possível garantir o crescimento futuro.

São inúmeros os negócios com muito potencial, mas que, por excessiva dependência do fundador, dificuldades de gestão e falta de estruturação, desperdiçam as oportunidades da nova realidade e deixam de se tornar exponenciais.

As dores do crescimento consomem tempo e energia. O fundador – que, não raro, é a própria essência do negócio e seu principal diferencial – tem de dividir a atenção entre muitos aspectos da gestão e talvez não consiga exercer plenamente o seu maior talento, gerando frustração e colocando em risco o futuro da empresa.

Foi o que enfrentei em 2015 à frente da Apsen Farmacêutica, empresa fundada por meu avô em 1969. É aquela situação em que o negócio está maior, mais complexo (às vezes, resultado de um crescimento desordenado) e, frequentemente, sem processos bem estruturados, levando a empresa a perder agilidade. Nesse contexto, é comum que algumas pessoas específicas detenham o conhecimento, mas nem sempre o transmitam, o que traz como consequência uma outra carência: a falta de um plano de sucessão bem definido.

Ao falar de pessoas, temos outra situação bastante comum e que causa certo receio no empreendedor: a necessidade de um processo de gestão de pessoas muito bem estruturado, desde a contratação, passando pela incorporação da cultura corporativa, pelo desenvolvimento profissional até a sucessão. E, claro, com as consequentes despesas que isso acarreta, como folha de pagamentos e benefícios, além do sentimento de responsabilidade pelo número cada vez maior de famílias que dependem da empresa.

São três os principais motivos que impedem as pessoas de viverem essa virada em seus negócios:

1. **FALTA DE VISÃO HOLÍSTICA:** envolvidas com o dia a dia do trabalho e com todo o problema, os líderes têm dificuldade de olhar a situação de fora e fazer uma leitura panorâmica do cenário;
2. **DESCONHECIMENTO DE UM MÉTODO:** não tendo um plano, acabam sem um caminho para fazer essa virada;
3. **INEXPERIÊNCIA:** muitos empreendedores e executivos não detêm vivências relativas a essa situação, ou porque não trabalharam em empresas maiores, ou porque começaram seu empreendimento de maneira bastante modesta, com um negócio muito pequeno.

Construa um time, planeje sua estratégia, envolva as pessoas com propósito e alcance resultados exponenciais!

O caminho para a virada

Hoje, muitas empresas e líderes não conseguem se estruturar e colocar sua equipe no coração do negócio, perdendo o foco, deixando de alcançar o potencial máximo de seus times, abrindo mão de resultados diferenciados e ficando no meio do caminho, sem conduzirem seus negócios ao lugar de destaque em que poderiam e mereceriam estar.

Planejar a estratégia, manter o time todo bem-informado e alinhado com os objetivos estabelecidos e assegurar que a essência da cultura corporativa seja vivenciada por cada colaborador são ações fundamentais para que as empresas possam dar uma virada substantiva. Esses são os pilares que precisam ser desenvolvidos nesse movimento rumo ao crescimento exponencial do negócio:

PLANEJAMENTO ESTRATÉGICO

Chegar a esse destino projetado exige, primeiramente, clareza do sonho grande, traduzido em objetivos e metas. Depois, assegurar que todos na organização conheçam e se engajem na execução desse plano. Nessa tarefa, o líder exerce papel fundamental, conectando sonhos e fazendo as pessoas se apaixonarem por uma visão de futuro a ser buscada em conjunto.

GESTÃO POR INDICADORES

Quanto mais complexa uma empresa, mais é preciso ter uma visão panorâmica, holística. Esse olhar permite acompanhar e, ao menor sinal de uma luz amarela, mergulhar, aprofundar e entender situações específicas, criando planos de ação rápidos, corrigindo eventuais desvios e mitigando riscos.

É impossível acompanhar no detalhe uma empresa grande e muito complexa, por isso, é importante escolher indicadores estratégicos que apontem possíveis *gaps* ou oportunidades, e assegurar que esse conjunto de indicadores seja atualizado sempre que necessário, acompanhando a evolução do negócio e do ambiente.

Também é fundamental, evidentemente, ter práticas de governança que garantam a confiabilidade dos dados e dos sistemas de onde são extraídos esses indicadores. Dessa forma, é possível ter um mapa de acompanhamento do negócio que lhe permitirá seguir na direção certa estabelecida pelo planejamento.

CULTURA CORPORATIVA

Planejamento, clareza dos objetivos e disciplina na execução, entretanto, não são tudo. Em um cenário em que a tecnologia iguala cada vez mais as empresas, o diferencial competitivo e o que determina o sucesso de um negócio são as pessoas. E o que move e apaixona as pessoas é uma visão, um sonho, um propósito. É aí que entra a cultura organizacional.

Como essência da empresa, a cultura precisa ser vivida diariamente por todos, a começar pela liderança. Uma empresa exponencial precisa de líderes que inspirem e confiem em suas equipes, que reconheçam e remunerem bem seus profissionais, incluam e deem espaço à diversidade criativa. Enfim, é necessário garantir que os atributos culturais não sejam apenas discurso, mas uma prática diária.

Além disso, é preciso ter um organograma que permita à empresa não apenas atender ao operacional do presente, mas construir o time que vai conduzi-la aonde ela deseja chegar no futuro.

Assim, com uma cultura organizacional consolidada e um planejamento estratégico bem estruturado e compreendido por todos, é possível formar times não apenas engajados, mas, de fato, apaixonados, capazes de gerar resultados diferenciados. Dá certo. Eu sei porque já experimentei isso.

Do sonho à execução

Em 2014, a Apsen tinha crescido e encontrava-se em um momento crítico, que exigia uma decisão: manter o mesmo modelo de gestão que a conduzira com êxito até ali (com o risco de, aos poucos, isso representar uma estagnação e consequente retrocesso) ou avançar de maneira ousada em direção ao sonho de um crescimento ainda maior. A verdade é que, naquele momento, estávamos patinando, sentindo profundamente a dor da incapacidade para decidir. Como mulher, essa dor era ainda maior.

Visitada pela síndrome do impostor, o sentimento de não me sentir preparada o suficiente para aquele desafio, iniciei um novo processo de *coaching* (o quinto da minha carreira naquele momento), buscando recursos para me compreender e achar alternativas. Ingressei no MBA para CEOs da Fundação Getulio Vargas e contratei um consultor que implementou o planejamento estratégico e nos ensinou muitas coisas. Mas tudo partiu de um sonho e de uma execução muito bem-feita, que levou em conta a junção desses saberes, a capacidade de sonhar de modo persistente, a jornada com o estabelecimento de metas, o trabalho consistente e a disciplina para fazer essa mudança acontecer.

Promovemos um ajuste de cultura, obviamente mantendo a essência, mas passando a ter um olhar voltado para o desempenho e a atuação, seguindo firme na direção estabelecida. Os resultados começaram a acontecer e

RENATA SPALLICCI Com dezoito anos de experiência no setor farmacêutico, Renata é atualmente vice-presidente executiva da Apsen Farmacêutica, função que concilia com suas diversas outras atividades: escritora, empresária, palestrante, mentora Winning Woman EY e influenciadora digital. Graduada em Engenharia Química pela FAAP, com especialização em finanças e MBA para CEOs pela FGV, Renata se fortaleceu com todo o conhecimento necessário para enfrentar um grande desafio em sua carreira: dobrar o faturamento da empresa em cinco anos, chegando à marca de 1 bilhão de reais. Agora, após conduzir um processo de estruturação da empresa, ela prepara a Apsen para uma nova e ousada meta: dobrar novamente de tamanho e chegar aos 2 bilhões de reais em faturamento nos próximos cinco anos. Seu blog, renataspallicci.com.br inspirou seu primeiro livro, *Do sonho à realização*. Em sua segunda obra, *Sucesso é o resultado de times apaixonados*, publicada pela editora Gente em 2021, ensina o método que levou a Apsen ao recente sucesso. A autora é também atleta profissional de fisiculturismo e desenvolve atividades de empreendedorismo social, voltadas tanto ao esporte, como o movimento Fit do Bem, da qual é realizadora, como de ações junto à comunidade da Faculdade do Samba.

Construa um time, planeje sua estratégia, envolva as pessoas com propósito e alcance resultados exponenciais!

posso afirmar que, nos últimos dois anos e no plano do próximo ciclo, estamos ainda mais ousados: não falando mais de desempenho, porém, de exponencialidade. Sem dúvida, tudo o que fizemos no Planejamento Estratégico de 2015 a 2020, foi um marco na minha carreira e na história da Apsen. Alcançamos um faturamento recorde de 1 bilhão de reais em 2020, somos a indústria farmacêutica brasileira mais desejada para se trabalhar e nos tornamos um *case* de transformação digital em pleno período de pandemia.

De todas as ações implementadas com sucesso, de todos os exemplos que colhi com a experiência de colegas e nas pesquisas e cursos que fiz, concluo que cuidar desses três pilares – planejamento estratégico, gestão por indicadores e cultura corporativa – com toda energia e amor é a receita de sucesso para tornar o seu negócio exponencial.

Quando falamos de cultura corporativa, estamos falando de personalidade, que é o que torna cada negócio único. Por isso, não há uma fórmula mágica, o que há é um método com passos que precisam ser adaptados à realidade de cada empresa, ao ambiente, ao momento e, claro, à personalidade do fundador.

É lindo observar a marca que o fundador deixa na história de uma empresa bem estruturada. Podem passar décadas... Mas sempre será possível retornar à essência-raiz do negócio, para resgatar e preservar seu propósito. Colocar isso em prática é a única maneira de fazer uma empresa crescer, impactando positivamente a sociedade e deixando um legado para os colaboradores e para o mercado. Para mim, aplicar esse método não apenas deu certo, mas foi e é muito gratificante e apaixonante! Espero que seja assim para você também.

@respallicci
www.renataspallicci.com.br

APRENDA A INVESTIR PARA GARANTIR UM FUTURO TRANQUILO

© CRISTIANO FERRARI

Rivo Bühler Jr.

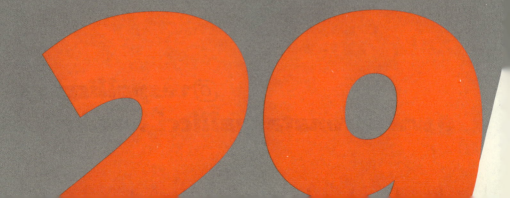

"Não importa o quanto você ganha, mas o quanto você gasta."

Inicio este capítulo com uma frase de impacto que reflete um dos maiores problemas quando o assunto é investimento e liberdade financeira. O primeiro passo para começar e acumular um patrimônio é saber e definir o quanto guardamos para o futuro. Não existem investimentos se não tiverem aportes.

Vamos pensar juntos: quem é mais rico, aquele que ganha 5 mil reais por mês e gasta 3 mil ou aquele que ganha 30 mil reais e gasta 35 mil? Óbvio que o primeiro, pois está guardando — ou seja, aportando — todo mês 2 mil reais em investimentos para uma futura aposentadoria. No segundo caso, a dívida aumenta a cada mês e, além de não aportar nada, são necessários empréstimos para cobrir os gastos. Este é o problema número um.

O segundo problema é: onde investir? Não existe educação financeira em nosso país e, até mesmo por questões culturais e históricas, nunca paramos para cuidar do nosso capital e é comum delegarmos ao gerente do banco a tarefa de investir. Cada pessoa tem um perfil, um objetivo, um projeto e uma condição financeira. Também existem objetivos de curto, médio e longo prazo. Por isso, precisamos conhecer o mínimo sobre investimentos, ter um assessor que sirva como professor, que seja nossos olhos e que organize a nossa vida financeira, mas sem tomar a decisão pelo cliente. Você é o responsável pelo seu futuro e pelos resultados.

Dinheiro é uma das maiores preocupações do ser humano. A falta de recursos para realizar sonhos, objetivos mínimos, alimentar e sustentar uma família é um dos maiores fantasmas em nossa vida financeira ativa. Causa angústias, frustrações enormes e pode até levar a casos graves de depressão. Vários relatos de suicídio tiveram sua origem em falências e na falta de dinheiro. O ditado popular diz que "dinheiro não traz felicidade", e concordo que a felicidade é algo subjetivo. Eu mesmo busco gerar momentos felizes junto à minha família e amigos, e sei que isso é o mais importante, mas convenhamos, a falta de dinheiro nos traz muitos problemas e dificulta muito o acúmulo de momentos felizes ao longo de nossas vidas.

São dois os principais motivos para não acumular recursos e se tornar, de fato, um investidor no Brasil – ou, ao menos, viver tranquilo. O primeiro é o fato de sempre querermos antecipar nossos sonhos. Somos incentivados o tempo todo a nos endividar para adquirir bens de consumo: carros, roupas, viagens, a casa própria, entre tantos outros desejos. É uma questão cultural. Sempre pensamos se a prestação cabe no bolso e, assim, nos endividamos.

O segundo motivo é histórico. O Brasil viveu anos de hiperinflação e esse fantasma está sempre nos rondando. Por muitos anos, o brasileiro precisava fazer compras enormes para abastecer a casa, deixar o tanque do carro cheio etc. Se não fizesse isso no dia em que o salário caísse na conta, poderia faltar recursos para manter ao longo do mês, pois a inflação absurda fazia os preços subirem todos os dias. Então, precisamos lutar muito para, antes de gastar, investir uma parte dos recursos no nosso futuro, pois, cultural e historicamente, gastamos tudo e não sobra nada para investimentos.

Passo a passo da aplicação

Sabemos que a única forma de chegar a uma aposentadoria tranquila e viver uma velhice maravilhosa é manter o foco em gastar menos do que se ganha e investir esses recursos de acordo com o nosso perfil e objetivos. Precisamos nos dar conta de que está em nossas mãos essa conquista e que, não importa o quanto eu ganho, e sim o quanto eu gasto, pois é essa diferença que fará acumular recursos para os investimentos. São os aportes feitos ao longo da vida financeira ativa que trarão uma tranquilidade futura.

É consenso mundial entre os planejadores financeiros que, guardando 20% de tudo o que conquistamos de recursos ao longo da vida, após trinta anos conseguiríamos nos aposentar tranquilamente com os nossos próprios recursos financeiros, sem depender de planos de aposentadoria, sejam eles privados, públicos ou de outros familiares, fato muito comum em nosso país. Façam a conta comigo: se guardarmos 20% de tudo o que entrar de recursos – salários, pró-labore, dividendos, aluguéis etc. –, a cada cinco anos transcorridos, teremos um ano de recursos guardados. Se investirmos bem esses recursos, poderemos ter dois anos guardados – um pelos aportes a cada recebimento de recursos e outro pelo poder dos investimentos e dos juros compostos.

Uma dica que sempre dou aos meus clientes como assessor de investimentos é: pague-se primeiro. Não existe nada mais importante no mundo do que a sua vida. Até para cuidar da vida dos filhos é necessário cuidar da sua vida antes. Tenha saúde não só física, mas mental e financeira. Pagando-se primeiro, você não corre o risco de ficar sem recursos no fim do mês e deixar de fazer os aportes que visam a liberdade financeira futura.

Considero 20% o percentual ideal, então, se ganhei mil reais hoje, já invisto duzentos reais e os outros oitocentos reais vão compor os gastos do meu dia a dia. Sei que, para quem nunca teve essa mentalidade, iniciar com um percentual elevado é muito difícil, então, faça igual a um treino para uma maratona: comece pelo primeiro passo, comece pelo primeiro quilômetro, ou seja, guarde 1% do que ganhar na próxima entrada de recursos e vá subindo este percentual diária ou mensalmente até chegar ao ideal.

Tive o privilégio de nascer em uma família em que meu pai e avô foram contadores em algum momento da vida. A vivência com o controle financeiro de empresas e de pessoas gerou a eles boa lida com as questões financeiras. Meu pai sempre foi muito econômico (para não dizer "mão de vaca"), e isso teve impacto em minha vida e acabou me passando boas práticas, que incorporei e aprimorei ao longo do tempo. Sempre consegui poupar e gastar menos do que eu ganhava, mesmo se fosse pouco em alguns momentos. Assim, eu sempre tinha dinheiro para investir e passei a estudar o assunto. Sou muito curioso e, para mim, a melhor maneira de tirar dúvidas é pela leitura. Lia muito sobre investimentos, fiz cursos de análise gráfica e fundamentalista de ações, renda fixa, entre outros, e aprendi com a melhor das maneiras: a prática. Acabei virando conselheiro dos amigos, pois poucos sabiam poupar e muito menos investir. Também sempre fui empreendedor desde o início da minha carreira profissional, outro fato que me impulsionou a ter um olhar atento para as finanças. Então, chegou um dia que cansei de negar o meu talento e resolvi virar assessor de investimentos, empreendendo na área. Minha curiosidade e paixão permaneceram e segui para uma pós-graduação em Mercado de Capitais, mestrado em Economia e continuo devorando livros sobre o assunto.

Independentemente do que você faz para ganhar dinheiro, gaste menos do que ganha e seja você o responsável pelas decisões dos seus investimentos. Você não precisa se tornar um especialista ou um profissional como eu, mas busque entender e tome sempre a decisão final. Conte com um assessor de investimentos para a busca de informações e o conhecimento sobre os produtos financeiros. Peça que ele seja os seus olhos, mas saiba que, para isso, ele precisa conhecer você, saber dos seus objetivos, o seu perfil de investidor, a sua capacidade de alocação, entre outras questões importantes para a sua liberdade e aposentadoria futura. Você também precisa conhecê-lo, confiar no conhecimento dele sobre produtos financeiros, planejamento financeiro, alocação e mercado.

Nós trabalhamos a vida toda para ganhar dinheiro e realizar nossos objetivos, então precisamos dedicar ao menos uma pequena parte do nosso tempo para cuidar e investir esses recursos financeiros, pois é através deles que realizaremos nossos desejos. Dinheiro não traz felicidade, mas ajuda a espantar a tristeza e a realizar sonhos.

RIVO BÜHLER JR. Nasceu em Montenegro (RS). Curioso, formou-se em Publicidade, foi músico profissional e empreendedor. Descobriu sua missão por acaso, quando percebeu que os conselhos que dava aos amigos sobre investimentos poderiam se tornar uma nova carreira. Casado com Fabiana e pai da Sofia e do Pedro, há mais de uma década dedica-se a ajudar as pessoas a realizar seus sonhos através da assessoria de investimentos.

Precisamos conhecer o mínimo sobre investimentos, ter um assessor que sirva como professor, que seja nossos olhos e que organize a nossa vida financeira, mas sem tomar a decisão pelo cliente.

O NOVO MUNDO PRECISA DE NOVOS LÍDERES

© CÁSSIO RENATO

Rosi Job

Pessoas certas nos lugares certos – é provável que essa não seja a primeira vez que você escuta isso. Embora essa máxima seja conhecida no mundo corporativo, percebo que ainda estamos longe de viver essa realidade. Infelizmente, nem sempre as coisas mais importantes falam mais alto, por isso, seguir esse princípio é um grande desafio, pois as vagas precisam ser preenchidas dentro dos prazos.

Encontrar e reter talentos sempre foi uma dificuldade enfrentada pelas empresas, mas, na pandemia, essa situação se apresentou com maior frequência e intensidade. O isolamento social e o home office forçado testaram os profissionais: alguns ficaram mais produtivos, enquanto outros não se adaptaram com facilidade. Para completar, vivemos um cenário particular no Brasil – por um lado, atravessamos uma das épocas de maior desemprego de todos os tempos e, ao mesmo tempo, por outro, existem muitas empresas com dificuldade de preencher seus quadros.

O que ocorre é uma incompatibilidade, pois há dificuldade em encontrar pessoas que tenham pensamento crítico e que sejam proativas, criativas, adaptáveis e flexíveis. E quando, finalmente, esses talentos são encontrados, é um grande desafio mantê-los na empresa, pois eles precisam ter razões para continuarem motivados e dando o melhor de si.

É essencial para uma empresa ter colaboradores que realmente façam a diferença, pois não há como obter sucesso com as pessoas erradas. No livro *Empresas feitas para vencer*,[1] o autor Jim Collins afirma que, antes de definir quais os passos que serão dados para alavancar uma grande companhia, deve-se definir quem os irá fazer. Somente depois de ter as pessoas certas nos lugares certos, o rumo pode ser definido. Afinal, é mais fácil trocar a rota do barco do que a tripulação que nele está.

---

[1] COLLINS, J. **Empresas feitas para vencer**: por que algumas empresas alcançam a excelência... e outras não. Rio de Janeiro: Alta Books, 2018.

Por sentirem diariamente essa dificuldade em relação a formação e manutenção de um bom time, os sentimentos com que convivem os gestores muitas vezes são de cansaço, desânimo e frustração. É difícil encontrar alguém que saiba enfrentar com inteligência emocional os fracassos e as mudanças bruscas, que são realidade hoje no mundo dos negócios.

É um trabalho árduo encontrar talentos para colocar em um determinado cargo. E, muitas vezes, quando finalmente conseguem, os líderes são surpreendidos por um pedido de demissão. Quando isso acontece, acaba por desestabilizar todo o grupo, gerando muita dificuldade de se manter com um time que faça a diferença, que seja consolidado e autogerenciável, que lide com as dificuldades de maneira a minimizar os impactos de possíveis problemas.

Uma das maneiras de se evitar essa situação é investir mais tempo e atenção nos processos seletivos e nas contratações. É muito frequente a admissão de pessoas que não se conectam realmente com a cultura da empresa.

Por outro lado, é necessário, também, esforço por parte do colaborador. Um relatório publicado pelo Fórum Econômico Mundial no final de 2020 mostrou a dificuldade dos empregadores em encontrar talentos já prontos. Diante deste cenário, cerca de 62% das empresas apostam em treinamento, mas há a adesão de apenas 42% dos funcionários.[2] Ou seja, mesmo com acesso a oportunidades de desenvolvimento, eles não se engajam.

A educação e o aprendizado contínuo são vitais para enfrentarmos os desafios do novo mundo. E, para isso, são necessários movimento e disciplina. As pessoas têm de fazer disso uma prioridade em suas vidas.

Não podemos deixar que as coisas falem mais alto que as pessoas.

Quando entendemos isso, mudamos a maneira de trabalhar e de viver. Vejo que muito foi perdido no meio do caminho por colocarmos coisas à frente do ser humano. Acredito no caminho inverso, de valorização das pessoas, de reconhecer que elas são e continuarão sendo o que há de mais importante dentro dos negócios. Somente elas possuem a capacidade de potencializar tudo o que a tecnologia e o novo mundo são capazes de trazer. Apenas no ser humano existe a capacidade de criar, de criticar e de se

---

[2] SUTTO, G. As 15 habilidades que estarão em alta no mercado de trabalho até 2025, segundo o Fórum Econômico Mundial. **InfoMoney**, 30 jan. 2021. Disponível em: https://www.infomoney.com.br/carreira/as-15-habilidades-que-estarao-em-alta-no-mercado-de-trabalho-ate-2025-segundo-o-forum-economico-mundial/. Acesso em: 17 dez. 2021.

reinventar. Portanto, ter as pessoas no centro será um diferencial para o que vamos enfrentar daqui para a frente.

Coloque as pessoas no centro

O **primeiro passo** para solucionar esta questão é parar e olhar para dentro. Antes de tentar resolver um problema que está no outro ou no mercado, é necessário rever a cultura que nos trouxe até aqui, os nossos modelos mentais e em que acreditamos. Enquanto profissionais, devemos analisar as nossas próprias competências e habilidades. Entender que, talvez, o que tanto buscamos no outro também pode estar faltando na nossa própria liderança.

É necessário que busquemos a nossa nova versão. Uma versão com mais flexibilidade e adaptabilidade, levando em conta, sobretudo, o momento crítico que estamos vivendo. Um momento que nos mostrou o quanto somos todos vulneráveis, independentemente da posição que ocupamos. Antes de traçar estratégias para gerenciar o time que vamos formar, precisamos gerenciar a nós mesmos, pois, na posição de liderança, somos um exemplo a ser seguido. Devemos ser novos líderes para esse novo mundo. Líderes que saibam se reinventar o tempo todo.

O **segundo passo** é olhar para as pessoas sob uma nova perspectiva. Cuide com atenção da jornada do funcionário na empresa – desde o momento em que uma vaga é aberta, passando por todo processo de seleção, treinamento, execução e até o desligamento desse colaborador. Devemos olhar com cuidado e empatia para o nosso time. E, acima de tudo, precisamos viver isso na prática todos os dias, não deixar que fique apenas no discurso. Quando oferecemos feedback, estamos acostumados a focar nos pontos fracos. Costumamos incentivar as pessoas a gastarem seu tempo e energia para melhorar naquilo em que não são boas. Acredito que não é esse o caminho. Faz muito mais sentido estimular as pessoas a serem melhores naquilo em que elas já são boas, você não acha?

Nem sempre, durante a minha gestão, eu tive a sabedoria de colocar os colaboradores para executarem aquilo em que eles eram mais fortes. Mas, ao longo da jornada, percebi que a chave não era cobrá-los para que fossem bons em algo que não tinha a ver com suas próprias habilidades, e sim potencializar o que tinham de melhor. Assim, conseguimos um conjunto de potências complementares em nosso time. Isso demonstra a importância de colocar as pessoas certas nos lugares certos. Dessa maneira, elas podem usar seus pontos fortes em seu potencial máximo. Aqui está a chance de serem as melhores do mundo naquilo que decidiram fazer.

Precisamos olhar para o outro de uma maneira especial, com empatia e tolerância. Acredito que, quando as pessoas se sentem pertencentes e respeitadas, possuem uma maior perspectiva de crescimento.

Uma liderança de verdade é o grande motor para ter resultados consistentes.

Quando eu entendi isso, transferi esse modo de pensar para quem estava ao meu redor e apliquei essa mentalidade no relacionamento com a minha equipe. Foi dessa maneira que, em 2020, o ano mais caótico que já vivemos por conta da pandemia, o meu time conseguiu seguir firme, pois já tinha uma base sólida em que pudesse se apoiar.

Por tudo isso, acredito que devemos refletir sobre as dificuldades da atração e retenção de talentos pelo viés da liderança. Essa é a maneira que temos de sobreviver aos desafios que o mundo nos traz o tempo todo. Precisamos estar abertos ao novo a todo momento, e devemos nos convidar a pensar e a agir de formas diferentes. É necessário buscar uma versão de nós mesmos que seja mais moderna e alinhada com as transformações que estão acontecendo para que possamos seguir daqui em diante. É uma decisão entre viver e morrer profissionalmente. Temos de nos adaptar para atuar na construção do novo mundo, testando coisas novas e escrevendo uma nova história.

Essa geração de gestores tem o compromisso de experimentar e validar modelos para fazer diferente do molde anterior. É nossa responsabilidade aprender cada vez mais a lidar com a imprevisibilidade, com as diferenças e com a falta de controle. Só assim conseguiremos ser protagonistas de resultados extraordinários, mesmo vivendo em um mundo que é fluído e incerto. Na posição de liderança, somos nós quem apontamos ao time o caminho e o propósito da jornada. Experimente liderar de um jeito diferente, você se surpreenderá com os resultados.

ROSI JOB É mentora e há duas palavras que a definem bem: pessoas e resultados. Pessoas porque acredita que existe um potencial inexplorado dentro de cada um que precisa ser ativado. Resultados porque entende que essa é a maior fonte de automotivação e reconhecimento no mundo. Sua missão é ajudar pessoas a maximizar o próprio potencial na vida profissional e pessoal.

Uma liderança de verdade é o grande motor para ter resultados consistentes.

30

31

DESVENDE O PROCESSO DA ALTA PERFORMANCE PARA REALIZAR SONHOS

© IVY JANNIBELLI

Susana Torres

As pessoas querem ter resultados extraordinários, mas não estão dispostas a se tornar extraordinárias também. De nada adianta QUERER mais, se não estamos dispostos a SER para TER mais!

A maioria das pessoas vive a vida que é possível, uma vida condicionada pelas suas próprias limitações e pelas limitações que lhes são impostas pelo contexto à sua volta. Não usam nem desenvolvem todo o seu potencial, não transformam os seus sonhos em realidade. Quando pensam em sucesso, acreditam que é apenas para alguns, que não é acessível a todos. Focam mais naquilo que não acontece nas suas vidas, nos resultados que não têm, do que nas possibilidades e nos processos para chegar lá.

Muitas dessas pessoas até sabem o que querem e como poderiam alcançar, no entanto, falta-lhes um processo, algo que possa ser adaptado à sua realidade, ao seu estilo de vida, que produza resultados. Tentam introduzir novos hábitos, mas não conseguem manter a consistência e a disciplina necessárias para concretizar os objetivos.

Por não saberem construir bons grupos de influência, não estão rodeadas de pessoas mais inteligentes, com melhores resultados, que as desafiem. Ao contrário, muitas vezes, têm ao seu redor pessoas que criticam, desencorajam e puxam para trás. Assim, acabam incompreendidas por quem está mais próximo, que deveriam formar uma rede de apoio.

Isso acontece porque vivem um desalinhamento entre as pessoas que são, a maneira como se enxergam, e as pessoas que querem ser. Por não terem clareza de onde e como querem chegar, acabam não se encontrando no caminho, que por si só traz muitos desafios.

Para essas pessoas, é comum o sentimento de frustração, por sentirem que poderiam ter vidas diferentes e melhores resultados. Elas sofrem com a falta de apoio, sentem solidão e consideram-se incapazes de mudar a realidade.

Também é frequente o sentimento de falta de competência, por acharem que os outros são sempre melhores ou têm mais oportunidades. Sentem-se perdidas, sem rumo, sem saber o que fazer ou por onde começar. Falta foco e orientação na vida e fica a sensação de que o tempo passa e a vida não sai do mesmo lugar.

Você se identificou com alguma das características acima? Já parou para refletir quais podem ser os motivos para isso? Eu tenho alguns palpites. Acredito que isso acontece pela carência de certos conhecimentos. Em geral, pela falta de:

- Clareza sobre onde estão, sobre como chegaram a esse ponto e sobre o que podem fazer para alcançar o que desejam;
- Clareza sobre quem são, sobre quem querem ser e suas competências;
- Capacidade de se comunicar, de falar a sua verdade, de se conectar com aquilo que é o mais importante nas suas vidas;
- Uma mentalidade de campeão, que lhes permite manter a consistência e a disciplina para poder vencer;
- Acima de tudo, um processo que possam implementar, simples e exequível, para alcançar resultados.

Mas isso tudo pode ser superado a partir de um método para alcançar a alta performance. Ao longo da minha trajetória, tive a oportunidade de desenvolver um trabalho com atletas mundiais top de linha, que procuram se diferenciar dos demais e chegar ao próximo nível de conquistas.

A partir do mapeamento de pontos-chave, é possível elaborar um plano de ação para atingir seus objetivos. E o processo é totalmente adaptável e pode ser usado por qualquer pessoa – independentemente da sua área de atuação – que pretenda viver acima da média e alcançar resultados extraordinários na sua vida, explorando todo o seu potencial.

Alinhamento entre quem sou e quem quero ser

As pessoas mais bem-sucedidas do mundo sabem desenvolver a sua influência e a sua capacidade de comunicação com muita clareza. Elas descobriram como gerar e manter a energia, como viver de acordo com um propósito, aprenderam a liderar como ninguém e conhecem o passo a passo para atingir a alta performance.

O sucesso dessas pessoas tem por base um processo muito claro de alinhamento entre quem são e quem querem ser. É essa construção do "eu" que lhes permite ser a melhor versão delas próprias. O processo não é fácil, mas é simples e possível para qualquer pessoa que esteja disposta a implementar. Vamos lá?

MÉTODO PARA O ALINHAMENTO

Pare e reflita sobre as seguintes questões. De preferência, coloque as respostas no papel:

- **IDENTIDADE** – Quem sou e em quem quero me transformar?
- **CRENÇAS** – O que tem dirigido a minha vida?
- **VALORES** – O que é importante na minha maneira de fazer as coisas?
- **INTENÇÃO** – O que eu quero?
- **ESTRATÉGIA** – O que tem de acontecer?
- **PLANO** – Quais as minhas jogadas estratégicas e como vou implementá-las?
- **COMPORTAMENTOS** – Quais os meus hábitos, rotinas e compromissos?
- **CONTEXTO** - Como preciso lidar com as pessoas e as situações ao meu redor?
- **PROPÓSITO** – Para que é que eu quero fazer tudo isso?
- **RESULTADOS** – O que tenho agora na minha vida que quero transformar?

Quando construímos o nosso alinhamento interno, agimos de acordo com uma estratégia que nos leva aos resultados que pretendemos alcançar.

Do papel à prática

Este trabalho de construção do alinhamento foi realizado com Éder, jogador de futebol português que, em 2016, foi dispensado da seleção, o que quase representou seu final de carreira, e que lhe permitiu renascer, conquistar novamente o seu lugar no esporte, alcançar resultados rápidos e rumar à principal liga da Europa. Acabou convocado a jogar pela seleção na Eurocopa e deu a vitória do campeonato a Portugal, marcando o gol mais importante da história do futebol português.

Também foi com esse processo que Nuno Dias, um dos melhores treinadores de futsal do mundo, conseguiu se transformar e ganhar, em três anos, duas Champions League, a maior competição de futsal do mundo.

O mesmo vale para Nuno Matos, que largou a sua carreira de médico e entrou na Le Cordon Bleu, maior escola de culinária do mundo, e conseguiu trabalhar ao lado de Cédric Grolet, considerado o melhor confeiteiro do mundo em 2018.

Esse é o processo que transforma sonhos em realidade.

Todos temos dentro de nós um potencial incrível, que é limitado apenas pela forma como nos enxergamos. A história que contamos sobre nós mesmos molda a nossa realidade e nos impede de desenvolver novas competências e crescer.

Nós não somos tão bons quanto pensamos, somos muito melhores!

Experimente alinhar o seu ser ao seu querer e percorra sem medo o caminho para a realização dos seus sonhos. Os obstáculos aparecerão, mas estar alinhado ao seu propósito e contar com uma rede de apoio fazem a diferença na motivação para superá-los.

SUSANA TORRES Nasceu em Lisboa em 1977. É coach especializada em treino mental, coaching desportivo e coaching para empresas. Licenciada em Gestão Comercial e Contabilidade pela Universidade Fernando Pessoa, possui também o Programa Avançado de Gestão Bancária da Universidade Católica e a Formação Avançada de Liderança pela mesma instituição. Formou-se em Leadership Coaching pela Universidade Harvard, nos EUA.
Possui certificações internacionais em Programação Neurolinguística (PNL) e em Coaching de Alta Performance. Uma apaixonada pela alta performance no desporto, dedica-se em especial ao desenvolvimento de equipes em empresas, além de equipes de futebol, seleções e atletas de alto rendimento em diversas ligas de futebol na Europa.
É autora do best-seller português *Vai correr tudo bem!*, em que relata toda a história do seu *case* de sucesso, o jogador Éder Lopes.

Quando construímos o nosso alinhamento interno, agimos de acordo com uma estratégia que nos leva aos resultados que pretendemos alcançar.

@susanatorresoficial
susanatorrescoach
SusanaTorresCoach

FOCO NAS PESSOAS: OS NEGÓCIOS DO NOVO MUNDO

© DANIEL KODAMA

Thiago "Panda" Lima

A pandemia ainda não passou e o "novo normal" ainda não se estabeleceu – as coisas mudam a todo instante, mas, mesmo assim, seguimos tentando desvendar como será o novo mundo pós-covid-19. A partir da identificação de alguns comportamentos, é possível traçar potenciais cenários e se preparar – e fortalecer o seu negócio – para a futura realidade antes de ser engolido por ela.

Os negócios do novo mundo pós-pandemia que terão vida longa serão aqueles que estrategicamente mantiverem o foco na resolução de problemas do consumidor e no impacto da sua experiência. Já reparou como a expressão *User Experience* (UX) está em alta? São vagas e mais vagas de trabalho contratando pessoas para atender essa necessidade dentro das empresas.

O novo consumidor estará cada vez mais exigente e desejando humanização. Ele tem se capacitado e tem tido acesso a informações de maneira extremamente rápida com o avanço da comunicação e da internet. Por isso, ele também exigirá soluções ágeis, seguras, inovadoras e, repito, humanizadas.

Pode até parecer contraditório colocar agilidade, inovação, segurança e humanização na mesma frase. Mas, não é. Estamos falando de otimizar processos mecânicos que podem ser automatizados com a ajuda da tecnologia e resguardar o capital humano para tarefas em que a empatia é insubstituível.

O novo mercado, por sua vez, será cada vez mais veloz, competitivo e repleto de novos entrantes. A diferenciação mercadológica se dará por meio da humanização estratégica no foco da resolução, de modo ágil, das necessidades apresentadas pelo consumidor.

Para se adequar a essa realidade, será necessário conhecimento profundo sobre pessoas, sentimentos e sensações.

Relacionamento gera faturamento

Quanto mais você se relacionar, quanto mais for humano, quanto mais ouvir e servir, mais impactará a vida do seu cliente e da sociedade. Além disso, estratégias de análise comportamental, reprocessamento mental e técnicas de coaching podem ser muito úteis no relacionamento com esse novo consumidor.

Para ajudar você a dar os primeiros passos nos negócios no novo mundo pós-pandemia, sugiro um passo a passo simplificado que pode contribuir para a realização das suas primeiras vendas:

1. Primeiro, você deve entender o desejo do consumidor;
2. Depois, identificar a causa da não evolução dessa relação comercial;
3. Em seguida, realizar o processo de quebra de crenças, tanto no seu próprio negócio quanto as crenças equivocadas do consumidor em relação ao seu produto ou serviço;
4. A partir disso, traçar estratégias com ênfase em *big wins* diárias para a construção de automotivação. Ela é fundamental para qualquer empreendedor.

Big win significa grande vitória e é um método de produtividade. A ideia é que, diariamente, você tenha "grandes vitórias", ou seja, um ou dois resultados que o aproximarão de um objetivo ou meta estipulados para um período determinado – ou seja, *big wins* não são tarefas, e sim resultados.

Mas é importante enfatizar: ao longo de todo esse processo, não perca de vista a experiência do consumidor!

Apliquei esse método no meu negócio quando identifiquei a necessidade de aumentar o *Lifetime Value* (LTV), ou Valor ao Longo da Vida, métrica que calcula o volume total de receita que o cliente gera ao longo do tempo em que consome seus produtos ou serviços, dos meus clientes.

Eu logo tracei o meu passo a passo:

THIAGO "PANDA" LIMA Com 29 anos atingiu a independência financeira ajudando no crescimento do mercado de personal trainers em todo o planeta. Graduado em Educação Física e com catorze livros publicados, é investidor-anjo e CEO da UniFAST, única edtech no país que transforma especialistas do mercado digital em polos educacionais reconhecidos pelo MEC.

- Identifiquei a necessidade;
- Desenvolvi um novo produto com foco no cliente;
- Percebi a causa que gerou o baixo LTV;
- Tracei metas com pequenas conquistas diárias.

Quanto mais você se relacionar, quanto mais for humano, quanto mais ouvir e servir, mais impactará a vida do seu cliente e da sociedade.

Essa experiência me fez criar um MBA com dezenove meses de LTV. Depois disso, transformei o produto em modelo de *white label* e apresentei para diversos experts com o mesmo desejo que eu.

Por isso, não hesito em repetir: mantenha o foco no relacionamento humano, seja obcecado por pessoas e esteja sempre disposto e preparado para servir e ouvir. Seguindo esse roteiro, seu negócio estará preparado para sobreviver e se destacar no novo mundo, diante das novas demandas do consumidor do futuro.

Quanto mais servir, mais irá se relacionar. Quanto mais se relacionar, mais irá lucrar. Quanto mais lucrar, mais irá crescer. Lembre-se: **relacionamento gera faturamento**.

33

COMO DESENVOLVER O MAGNETISMO DE VENDAS

© THIAGO NICOLAU

Thiago Salvador

Estou aqui para ajudar você, leitor, a despertar o poder da venda dentro de você. Independentemente da área de atuação, nós estamos vendendo a todo momento em nossos relacionamentos, seja com amigos, família, clientes, chefia, colegas de trabalho etc. Sendo assim, dominar uma técnica de vendas é importante para ter o magnetismo necessário para atrair bons negócios, amigos, família e todos com quem nos relacionamos para nosso lado.

Você já deve ter entrado em lugares em que os vendedores tentam empurrar produtos com justificativas técnicas sobre como aquele item tem tecnologia, qualidade e um monte de funções que você jamais poderia ter imaginado. Esses profissionais estão presos em padrões de atendimento antigos de suas empresas e fornecedores, que não lhes ensinam como apresentar o produto de uma maneira mais clara e persuasiva, vendendo histórias e vantagens do produto.

Destacar as características do produto pode até funcionar nas vendas B2B (*Business to Business*), de empresa para empresa. Mas, pensando no consumidor final, lembre-se de que os tempos mudaram. Hoje em dia, todo mundo tem informações na palma da mão. Mesmo se desejar construir um carro como um da Tesla, do Elon Musk, basta dar um Google e todo o projeto estará lá, ao seu dispor. Então por que até hoje os vendedores continuam focando em informações técnicas sobre o produto e não consideram que aquele item será utilizado por alguém e causará uma transformação na vida daquela pessoa?

No exemplo dos carros elétricos da Tesla, eles revolucionaram o setor automobilístico e não é por isso que a empresa investe em explicações sobre o carro e sua potência. Ela destaca a experiência de compra e uso de algo que veio para mudar a forma como as pessoas usam seus veículos – tudo isso de maneira sustentável. Eles impactam a vida do usuário com algo profundo que é experiência de uso, tecnologia e sustentabilidade, e por isso, fazem sucesso mesmo sem ter lançado ao menos uma propaganda na televisão até hoje.

Por estarem mais focados no produto do que em conhecer o cliente, os vendedores acabam fazendo tentativas desesperadas para conectar o item à vida da pessoa, às vezes, com argumentos que não fazem nenhum sentido. Isso gera frustração, porque eles não veem seu treinamento técnico se transformar em negócio fechado.

Por exemplo, ao vender um celular para uma senhora, dona de casa, não fique explicando todas as câmeras que ele tem. Em vez de detalhar as características, diga que as câmeras avançadas do aparelho permitem tirar belas fotos do seu prato favorito ou retratos da família com um simples toque.

Um vendedor é uma fonte inesgotável de transformação na vida de seus clientes. Com a ajuda dele, é possível entrar em uma máquina do tempo e ver as facilidades que terão no futuro ao adquirir seus produtos.

O maior desafio é tirar o foco do produto e focar o cliente. A dificuldade existe porque os vendedores passam o dia analisando seus produtos, conversando sobre eles entre si, muitas vezes admirados com a qualidade ou outros atributos. Mas é preciso lembrar que a venda acontece entre duas pessoas e é preciso pensar nas soluções que os produtos oferecem para a vida delas.

Trago outro exemplo, este mais relacionado ao meu dia a dia. É mais fácil vender óculos de sol porque eles vão deixar o cliente mais bonito e elegante logo ao sair da loja do que porque eles vão protegê-lo contra raios nocivos ultravioleta com seu fator de proteção UV400, que evitarão uma futura catarata.

Percebe como estamos mais focados nos atributos técnicos dos produtos do que nas soluções imediatas que eles trazem para a vida? Vivemos em um mundo de imediatismo, por isso é necessário adaptar o discurso.

Com o foco no cliente, os vendedores passam a ser os responsáveis por destacar os benefícios que um produto pode trazer. Assim, é necessário considerar as diversas sensações e sentimentos que permeiam os desejos da humanidade. Mais um exemplo: quem compra determinado par de tênis quer a sensação de chegar em uma festa ou na quadra de esportes e ser reconhecido por todos.

Aprenda a vender benefícios

Quer ter acesso ao mundo das vendas por meio dos benefícios do seu produto? Confira as dicas abaixo:

1. Não fale mais o nome do item que você vende. Isso o obrigará a falar mais sobre o cliente e sua necessidade;
2. Esforce-se para falar mais sobre a pessoa que você tem à sua frente do que sobre o produto. Veja alguns exemplos:
   - Em vez de falar das lentes de um óculos (características), fale do conforto que os olhos dela terão em dias ensolarados e nublados (benefícios);
   - Em vez de dizer que o carro é confortável, diga que a sensação é de estar na poltrona de casa;
   - Em vez de falar que determinado material é leve e avançado, diga que ele sustenta sem deixar marcas.
3. Um salão de beleza é uma situação em que fica claro como o serviço se destaca pela solução que traz e não pelas características técnicas. O cabeleireiro não fica explicando quantas vezes afia ou troca de tesouras para ter o melhor corte no menor tempo nem fica detalhando as especificações dos produtos que estão sendo aplicados;

   Os clientes buscam profissionais que tragam soluções para suas vidas, portanto, 90% da importância está nos benefícios que o produto traz e 10% nos atributos técnicos. Ou seja, quanto mais benefícios você conseguir passar para seus clientes, maior será sua conexão com a sua solução;
4. Lembre-se de que produtos não passam de cápsulas do tempo que o ajudarão a solucionar algo no futuro ao adquiri-los. Uma vez que você compra algo, está acelerando o tempo e a agilidade para resolver alguma situação na sua vida, seja um óculos, uma passagem de avião, um carro, um curso on-line etc.

Eu passei a treinar pessoas ensinando-as a vender sem falar o nome do produto que estava em suas mãos, que, nesse caso, eram óculos. Eu faço com que elas olhem para os olhos, sobrancelhas, boca, nariz, cabelo, estilo de vida, enfim, tudo que se refira ao cliente. Veja como as partes do corpo do cliente podem ser transformadas ao usar óculos:

"Seu nariz ficou mais fino com o encaixe dos óculos."

"Feche os olhos e não vai sentir nada no nariz e nas orelhas, de tão leve."

"Note como os seus olhos claros se destacam ainda mais com molduras escuras."

"O contraste de cores com o cabelo deu vida ao seu rosto."

"Agora seus olhos têm uma nova moldura para o mundo."

Imagine os resultados que podem ser alcançados se as vendas passarem a falar mais da pessoa do que do produto. Isso muda a forma de se relacionar com o cliente, a maneira de apresentar o que se está vendendo e resultará em maior conexão com o seu consumidor. Trate-o com gentileza e cuidado, valorizando o que ele veio buscar ao estar com você.

As vendas ocorrem a todo momento, basta ter o foco em qual transformação você quer trazer para a pessoa que está com você naquele momento. Foque a situação presente e em como ela estará no futuro, após a compra do seu item. Venda mais benefícios e menos características. Você passa a ser magnético quando olha mais para as pessoas do que para os itens.

Sabe a frase "o importante é ser, e não ter"? Essa é a sacada da transformação que você passa a aplicar no seu dia a dia a partir de agora.

THIAGO SALVADOR É empresário no ramo de óticas e mentor de empresários que desejam multiplicar seus resultados de maneira mais simples e eficiente utilizando métodos de gestão de pessoas, produto e processos. Com experiência de vinte e cinco anos na área, mostro aos empresários as vendas sob uma nova ótica.

Um vendedor é uma fonte inesgotável de transformação na vida de seus clientes. Com a ajuda dele, é possível entrar em uma máquina do tempo e ver as facilidades que terão no futuro ao adquirir seus produtos.

in f @ othiagosalvador
▶ tiagosalvadortv

A IMPORTÂNCIA DA SAÚDE NA
SUA PERFORMANCE DE VIDA

© ARQUIVO PESSOAL

Vanessa Goltzman

Você sabia que é possível experimentar uma performance de vida diferente a partir do autoconhecimento de sua saúde? Isso mesmo. Conhecer o funcionamento do seu corpo ajuda a adotar hábitos mais saudáveis, que se refletem em melhor produtividade no trabalho e, consequentemente, em mais tempo livre para outras atividades, inclusive para a família.

Vou exemplificar com duas situações comuns, mas que as pessoas acabam não associando ao que sentem por não terem conhecimento específico.

Você acorda todos os dias um pouco mais cansado do que no dia anterior; no começo, não percebe que não é normal até essa sensação de indisposição se tornar constante. Não consegue mais acordar disposto e bebe mais café para ter disposição e foco para resolver demandas que antes eram simples. **Não negligencie seu sono.** Se quer ter mais disposição durante o dia, tudo começa com a qualidade do seu sono na noite anterior. Com a alimentação é igual: **tudo o que você come pode aumentar ou diminuir sua disposição**. Então, se quer performar durante o dia, o café da manhã não deve ser rico em carboidratos, e sim em boas fontes de proteínas e um suco verde de qualidade.

Alguns sintomas comuns de quem não dá atenção aos sinais do próprio corpo se apresentam ao longo do dia. A sensação de que os dias demoram a passar, de que é um sacrifício levantar da cama. A intenção de fazer mais e melhor existe, mas o corpo não consegue. A disposição só começa a aparecer depois das 10 horas da manhã, porque a quantidade de café que foi ingerida até então já ultrapassou a média saudável. E aí, quando você acha que está bem, sai para almoçar e logo vem aquele sono pós-refeição que deixa o raciocínio lento e faz você tomar mais café ou bebidas energéticas. Isso afeta diretamente o seu sono pelo excesso de cafeína no sangue e potencializa o círculo vicioso de passar o dia cansado, recorrendo a estimulantes e desencadeando uma noite de sono ruim.

Sair dessa situação é simples quando se tem conhecimento do que é performance de vida e de como o autoconhecimento sobre o seu funcionamento pode influenciar uma mudança radical no seu nível de saúde e, consequentemente, nos seus resultados. Você pode até achar que não precisa saber detalhes sobre o sono e sua relação com a disposição, mas isso não é verdade. Não basta contar as horas dormidas, é necessário entender se você cumpriu todos os ciclos do sono, passando pelas quatro fases que afetam a memória e levam-no a ser mais produtivo durante o dia.

A mesma atenção deve ser dada à alimentação: se feita de modo inteligente, com comida de verdade e alimentos que não inflamam o corpo, é capaz de fazer seu nível de disposição atingir um patamar diferente. Se você não quer usar remédio para tratar a doença, comece a ter um estilo de vida saudável.

Não é novidade que o estilo de vida tem um peso muito grande na longevidade e em como você quer viver. Não há outro caminho. Você pode querer não olhar agora para os pontos que estou destacando ou me dizer que faz tudo errado e não se sente cansado. Ok, eu acredito, pois cada organismo reage de uma maneira e o nosso corpo compensa alguns dos nossos erros. Só que em algum momento ele entra em colapso e não consegue mais sustentar uma saúde boa em cima de um estilo de vida completamente disfuncional.

O novo mundo precisa de pessoas com uma visão clara sobre a própria saúde e com a compreensão de que mudanças de hábitos podem mudar a situação atual e levar as pessoas a patamares mais altos, mais rápido. Com saúde em abundância, temos o indispensável para crescer e permanecer grande.

Tenha em mãos **exames bioquímicos** que mensurem sua predisposição para diabetes. Trata-se de uma doença silenciosa, e o que você come tem relação direta com a possibilidade de desenvolvê-la e com a necessidade de medicamentos para que ela não avance. Outro índice importante é o seu nível hormonal: é imprescindível que esteja em equilíbrio. Os hormônios têm relação direta com sua performance de vida, longevidade e até imunidade, pois regulam os níveis de vitamina D no organismo.

VANESSA GOLTZMAN É fisiologista do exercício e atua nas áreas de Medicina do Esporte, Nutrição e Metabolismo. Através do seu método, já impactou a vida e a saúde de mais de 15 mil pessoas que, juntas, eliminaram mais de 105 toneladas e ganharam performance de vida na essência.

> **Não negligencie a sua saúde, você merece viver com performance de vida.**

    O segundo passo é **criar uma rotina** que facilite o cuidado com sua saúde. De preferência, faça disso seu primeiro compromisso do dia. Vou explicar o porquê: se você se cuida e tem a sensação de que está bem e já deu mais um passo, isso muda o jogo durante seu dia e aumenta sua tolerância ao estresse — sem contar a sensação de bem-estar junto da disposição que o acompanharão durante todo o dia. Se você sabe os seus pontos fracos e fortes pelos seus marcadores bioquímicos e tem uma rotina clara e consistente, chega aonde almeja com segurança e leveza.

    Eu venho aplicando este método há mais de catorze anos em mim e em todos os meus mais de 15 mil pacientes. As vantagens de seguir esses cuidados são evidentes e ficaram ainda mais explícitas no momento de caos de saúde pelo qual todos nós passamos durante o início da pandemia, quando a imunidade e a performance de vida de todos foram colocadas à prova. Quem mantinha condutas e comportamentos exemplares nos cuidados à saúde atravessou o momento de maneira mais serena do que os demais.

    Cuidar da saúde é uma das maneiras de estar pronto para os desafios que se apresentarão ao longo da vida. Quando falo em saúde, abrange o físico e o emocional, pois caminham juntos. Você sabia, por exemplo, que o intestino tem relação direta com as emoções? Se ele estiver em equilíbrio, você suporta melhor momentos de crise como esse.

    A saúde física em dia traz energia e força para se permitir ter dias incríveis. Sem disposição e com a imunidade vulnerável, isso é impossível. Lembre-se também da saúde espiritual: você e o divino, você e o universo, você e seu Deus. Quando tudo parecer sem saída, resgate sua fé e não se esqueça de que veio para deixar um legado nesse mundo. E como o fará? Do jeito que der ou com a sua melhor versão? O meu recado é: não negligencie a sua saúde, você merece viver com performance de vida.

@vanessagoltzman

MELHORE SEU CORPO, AUTOESTIMA, RESPIRAÇÃO E POSTURA COM UM SÓ MÉTODO

ARQUIVO PESSOAL

Verônica Motta

Vivemos um tempo em que a pressão estética nunca foi tão grande. Passamos os dias diante de câmeras, seja em videoconferências ou tirando fotos pessoais. Com redes sociais como o Instagram, o uso de filtros e de editores de imagem se popularizou, aumentando ainda mais a percepção de que temos rostos e corpos inadequados.

Essa insatisfação com o corpo, apesar de parecer puramente estética, influencia muito na autoestima e na saúde de maneira geral. Não são raras as pessoas que deixam de viver momentos de lazer e descontração por não ter coragem de colocar uma roupa de banho, principalmente as mulheres. Há até quem dê desculpas e mude os planos de férias para não passar por esse "constrangimento".

É necessário dizer que, sobretudo nas grandes cidades, vivemos um estilo de vida que não favorece um corpo atlético. Em geral, são horas trabalhando na frente de um computador, com uma rotina corrida e má alimentação. O sedentarismo leva ao acúmulo de gordura corporal, em especial na barriga. Isso traz a dificuldade de encontrar roupas que caiam bem no corpo, faz com que a pessoa compre o que serve, e não necessariamente o que gosta.

Aí vem os truques como comprar roupas largas e de cores escuras para favorecer a silhueta. São situações que mexem muito com a autoestima, trazem vergonha, sensação de impotência e falta de motivação. Em qualquer situação de exposição, a pessoa se esconde, senta-se com almofadas no colo para tampar a barriga, evita ao máximo sair em fotos e vídeos. A pior situação é quando as mulheres são confundidas com grávidas em filas de supermercado, na escola do filho, na rua, no transporte público, em encontros de amigos ou familiares.

Muitas já tentaram de tudo para mudar: dietas, chás, prática de exercícios abdominais, massagem, creme e gel redutor, cintas modeladoras e até mesmo a cirurgia plástica. Quando o problema não é resolvido, fica a frustração.

O método

Eu mesma já fui uma dessas mulheres. Tentei de tudo e não obtive resultado para perder a barriga, mesmo sendo *personal trainer* de mulheres há nove anos. Até que conheci um método de conscientização corporal muito difundido na Espanha, chamado **hipopressivo**.

Trata-se de um treinamento postural e respiratório que contribui para melhorar o aspecto abdominal, trabalhando as camadas profundas dos músculos abdominais e que, de fato, resolve a grande maioria desses casos que os abdominais convencionais e nem mesmo as cirurgias resolvem.

Mas, para além do benefício estético, o método hipopressivo trabalha a respiração e a postura, trazendo benefícios à saúde física e mental, independentemente da idade dos praticantes, profissão ou rotina.

Experimente essa estratégia para melhorar seu desempenho, autoestima e bem-estar físico e mental. Você só precisa de cinco minutos do seu dia para praticar o que vou ensinar agora e para colher os benefícios que vão muito além da melhora da estética abdominal, que é incrível, por sinal!

1. **POSTURA:** Você pode ficar em pé ou sentado (no chão ou numa cadeira). É importante que a coluna esteja bem alinhada. Olhe para a frente, crescendo bem a coluna.
2. **RESPIRAÇÃO:** Ajuste o padrão respiratório. Coloque uma das mãos apoiadas na costela e a outra em frente ao umbigo. Agora realize respirações profundas, inspirando o ar pelo nariz e soltando pela boca. É importante sentir que a mão da costela se movimenta mais do que a do abdômen. O tempo ideal são dois segundos para inspirar, sem estufar a barriga, e quatro segundos para soltar, pensando em trazer a barriga para dentro.

Repita as respirações e a manutenção da postura por apenas cinco minutinhos. Esteja conectado com o seu corpo, percebendo o fluxo do ar e sentindo a musculatura profunda do abdômen e das costas. Isso fará com que você reduza alguns centímetros na região abdominal, melhore a postura, diminua a ansiedade e aumente o foco.

Parece fácil e realmente é. A transformação poderá ser percebida nos primeiros quinze dias. O desafio é a consistência da prática.

O método com que trabalho tem como próximo passo o vácuo abdominal, que você pode acompanhar pelo meu Instagram, @vevefit.

Eu, minhas seguidoras e mais de 35 mil alunas seguimos esses passos diariamente. Recebo relatos, todos os dias, de pessoas que usam essa respiração para iniciar sua jornada com mais energia, para fazer uma entrevista de emprego, uma reunião de negócios ou até mesmo para controlar aqueles dias de muita ansiedade. Fora que a satisfação estética não tem preço!

Em até três meses, as pessoas perdem de 4 a 12 centímetros de circunferência abdominal, aliviam dores nas costas e relatam também melhora na função intestinal. E a autoestima? Ah! Essa é a melhor parte. Muitas relatam que agora escolhem a roupa que vão vestir, que recebem elogios, que agora trocam de roupa na frente do parceiro, que têm coragem de colocar biquíni, que estão se sentindo lindas!

Ações simples como essa podem ser aplicadas por qualquer pessoa. Não precisa de espaço adequado, de roupa específica, de dinheiro e, o principal, são apenas cinco minutos por dia e pode ser feito em qualquer lugar. Só depende de você! Então, se você busca melhorar sua saúde, autoestima e, de quebra, a postura, a respiração e o foco, coloque em prática os ensinamentos.

O conhecimento só tem valor quando colocado em prática. De nada adianta termos acesso à informação correta, que potencializa resultados e otimiza o nosso maior ativo, o tempo, se não aplicarmos, se não colocarmos em ação.

Gosto muito de usar os **dois "As"** para tudo que faço na vida: **aprende e aplica**. Só assim experimentamos e colhemos os resultados do conhecimento que adquirimos.

O simples, com consistência, traz resultados surpreendentes. Isso vale para todas as áreas da vida. A consistência leva a excelência. Não negligencie sua saúde. Quando você menos esperar, esse ato simples que ensinei o motivará a tomar outras atitudes positivas depois que você ver os resultados, como iniciar uma caminhada, se alimentar de forma mais saudável, tomar mais água, brincar com os filhos, enfim, ser uma pessoa mais ativa. Pense nisso! Você pode ser exemplo para outras pessoas, ser admirado e, o melhor, se amar e se orgulhar de sua jornada!

VERÔNICA MOTTA É a maior autoridade do Brasil na técnica da Barriga Negativa e Reabilitação da Diástase, Verônica trabalha desde 2005 devolvendo saúde e autoestima para as mulheres. Possui mais de 35 mil alunas no seu programa on-line de treinamento e mais de 720 mil seguidores no Instagram. Fundadora de duas escolas de formação profissional na Técnica Hipopressiva. É casada com Valério e mãe de dois filhos, Vitor e Valentina.

Para além do benefício estético, o método hipopressivo trabalha a respiração e a postura, trazendo benefícios à saúde física e mental.

DESTRAVE SUA COMUNICAÇÃO E ALCANCE RECONHECIMENTO PROFISSIONAL

© MAURICIO MATEUS MOREIRA

Vinicius Vieira

Você já parou para pensar sobre a sua comunicação? Tem facilidade para falar em público ou diante de uma câmera? As pessoas compreendem o que você faz e a mensagem que quer passar? Na era da imagem e da informação, isso é cada vez mais importante. É a maneira de mostrar quem somos, de passar nossos valores e nosso propósito, e uma plataforma para alcançar novas conquistas na vida.

Se você ainda não acredita no poder da comunicação, deixa eu contar a minha história. Sou jornalista por formação e iniciei meu trabalho na área de comunicação muito pelo sonho de trabalhar no esporte, mais precisamente no futebol. No meu primeiro estágio, com apenas 18 anos, na assessoria de imprensa do Santos Futebol Clube, me deparei com um problema que se tornou meu trabalho até hoje: a dificuldade que as pessoas têm de se expressar em público.

Eu era quem conectava os repórteres com os jogadores da base do clube – estou falando de meados de 2008, quando Neymar e Gabigol eram as novas joias do time da Vila Belmiro. Ali, eu enxerguei que muitos jovens atletas tinham medo de falar com a câmera, de se relacionar com uma pessoa com maior autoridade ou de estar em lugares de relevância, muito pela timidez e vergonha, causadas pela falta de ferramentas educacionais e culturais, para se expressarem.

Para minha indignação, eu via muitos deles perdendo oportunidades fora de campo, seja para conseguir um contrato de patrocínio ou para ter uma matéria em um canal de televisão de alcance nacional, por recusarem aparecer e falar em público. Ao mesmo tempo, percebi que os jogadores que se arriscavam mais em uma entrevista ou em uma apresentação em um evento do clube começavam a ter contratos mais valiosos e a serem mais reconhecidos pelos fãs do time. Foi com esta comparação que entendi a força da comunicação e do poder que ganhamos quando mostramos ao mundo o que fazemos e em que acreditamos.

Depois dessa constatação, tudo mudou. Passei a treinar os jogadores para melhorarem sua comunicação e aumentarem suas oportunidades na carreira dentro e fora de campo. Como ídolos de muitos jovens e adultos, eles tinham mais do que oportunidades, mas o dever de passar boas mensagens para seus fãs.

Ponha fim à frustração de não conseguir se expressar para o mundo

Entre aqueles que não desenvolvem a capacidade de se expressar, seja em uma apresentação no trabalho, no palco ou em um vídeo na internet, com frequência surge a sensação de frustração e angústia. Sabe quando você olha para o lado e vê uma pessoa com muito menos competência, experiência e conhecimento do que você e pensa: *o que ela tem que eu não tenho? Por que ela é tão valorizada e ninguém me vê?*. Esse tipo de pensamento é a analogia perfeita para mostrar como é triste e amarga a vida de uma pessoa que passa despercebida para outras.

Em muitos casos, a culpa recai sobre o destino ou a timidez e a vergonha. Mas por que aceitar viver com essa frustração e angústia de que o mundo não o valoriza? A resposta está no ambiente a que fomos expostos ou em que vivemos. Por acaso, na escola, você foi incentivado ou forçado a se apresentar na frente dos seus colegas de classe? Na maioria dos casos, falávamos sobre temas em que não tínhamos interesse ou conhecimento suficiente e o resultado das apresentações era frustrante. Pior ainda quando nossos amigos e pais criticam uma apresentação, um vídeo postado ou até mesmo a maneira como usamos nosso tom de voz.

A crítica, na maior parte dos casos, vem de quem nem tem a iniciativa de se expor. Por isso, analise bem o tipo de pessoa que o critica e perceba se ela quer realmente ajudá-lo a sair desta realidade em que ninguém o conhece e não sabe o que você faz ou se ela está apenas gerando ainda mais falta de confiança e de autoestima em você.

Para que você também descubra as inúmeras possibilidades de uma vida potencializada pela comunicação, vou compartilhar duas estratégias para serem aplicadas no seu dia a dia com o objetivo de mostrar ao mundo quem você é, o que você faz e no que acredita.

1. FAÇA SUA APRESENTAÇÃO

Posicione-se na frente de uma câmera e grave por, no máximo, dois minutos a sua própria apresentação. Como roteiro, responda às seguintes perguntas: quem é você, como começou sua história, o que você faz hoje e qual o seu objetivo. Essas quatro questões vão guiar você neste exercício.

Uma dica muito importante, fundamental em qualquer área da comunicação, é: repare, antes e após a gravação, na sua postura corporal. Corpo reto, olhar direcionado para a câmera, sorriso no rosto e, sempre mantenha as mãos à frente do corpo.

É um treinamento rápido que trará autoconhecimento para que você sempre saiba o que dizer quando fizerem a clássica pergunta: "o que você faz?". Repita o exercício diariamente por uma semana e compare o primeiro e o último dia das gravações.

2. DESTRAVE EM FRENTE À CÂMERA

A segunda ferramenta que indico costuma ser um bicho de sete cabeças para os envergonhados: os *stories* do Instagram. Nas aulas que ofereço, eu até chamo de "Destrava Stories". Por quê? Os *stories* são uma ferramenta de autoconhecimento porque você ouve sua voz, entende como se posiciona na câmera e descobre até qual o seu melhor ângulo. Também é um exercício de direção, afinal, são apenas quinze segundos para contar uma história com começo, meio e fim. E o melhor: é uma ótima ação de conexão. Aparecer na câmera com outra pessoa passa a mensagem para o público de que você é bem relacionado.

Minha dica é começar a gravar *stories* sozinho, dentro de casa, por duas semanas, todos os dias. Escolha um tema fácil de falar e faça as postagens. Encare os críticos que o chamarão de blogueirinho (ou seriam invejosos sem coragem de se expor?) e siga o jogo. Após quinze dias você perceberá a confiança adquirida com o uso dessa ferramenta.

Da observação à prática

Por muito tempo, como jornalista, fui ensinado que eu nunca poderia ser a notícia. Como assessor, eu seria apenas um auxiliar e jamais poderia ver um holofote. Isso me prendeu em um mundo de angústia e frustração diária, afinal, eu estava remando contra o meu próprio desejo. Quando entendi que poderia eu mesmo utilizar as ferramentas que ensinei a muitos jogadores, que se tornaram midiáticos e grandes exemplos para a sociedade, encontrei o poder de uma vida extraordinária, com muito mais felicidade e prosperidade.

Apesar de sempre ter tido vontade de estar na frente das câmeras e levantar a bandeira do que eu acredito — a da comunicação de ídolos como espelho para a sociedade —, eu tinha medo do que os meus clientes pudessem achar sobre o seu assessor aparecer em público, fazer palestras e gravar vídeos. No entanto, em 2019, quando decidi que não atuaria mais diretamente na comunicação do jogador Gabigol, determinei um novo objetivo: usar a internet para mostrar ao mundo aquilo em que acredito e o que faço.

Até então, eu nunca tinha gravado vídeos para o Instagram ou para o YouTube, e me apresentar em público era uma tortura. Hoje, uso as técnicas que ensino nos meus próprios conteúdos. Com dedicação e constância, os resultados vieram rápido. Faço palestras pelo Brasil, estou escrevendo livros, realizando treinamentos diários com jovens e o mais extraordinário: ganhei um novo valor de mercado, passei a ser reconhecido por grandes atletas, aumentei o número de clientes e o faturamento da minha empresa dobrou em apenas um ano.

Se você está travado, mas tem vontade de falar diante de uma câmera, de ser reconhecido pelo que faz e, claro, aumentar seu faturamento por meio da sua imagem, saiba que o primeiro passo está no vídeo que você gravará hoje da sua apresentação, dos *stories* em que mostrará os bastidores do seu trabalho, da reunião em que acreditará 100% em você e no seu produto.

Neste processo de evolução, as críticas virão e as inseguranças serão expostas. Sua família e amigos talvez não o apoiem. Mas a prática leva à evolução. E, como aconteceu com todos os autores deste livro um dia, você até pode ser chamado de maluco pelo caminho, mas, ao final, será chamado de extraordinário.

VINICIUS VIEIRA É empresário especializado em gestão de comunicação para jogadores. Criador da V2mm, agência que atende mais de setenta atletas de seleção brasileira de futebol, primeira divisão nacional, Europa e Ásia, através de treinamentos de comunicação, ações de assessoria de imprensa e relações públicas, gestão e criação de conteúdo para redes sociais e relacionamento com patrocinadores. Também atuou como assessor de imprensa do Santos FC por oito anos e trabalhou ao lado de nomes do cenário esportivo mundial como Neymar, Marta, Cristiane, Falcão, Gabigol e Marcelo Moreno.

Entre aqueles que não desenvolvem a capacidade de se expressar, seja em uma apresentação no trabalho, no palco ou em um vídeo na internet, com frequência surge a sensação de frustração e angústia.

36

 viniciusvieira

Este livro foi impresso
em papel pólen 70g
pela gráfica Loyola
em fevereiro de 2022.